Engineering Metrics

Por Gui Santos

Prefácio

Medir o impacto de iniciativas técnicas e conectá-las aos objetivos de negócio é um desafio recorrente na engenharia de software. A complexidade dos sistemas, somada à dificuldade dos frameworks tradicionais em traduzir a linguagem técnica para o contexto estratégico, frequentemente gera lacunas entre equipes de engenharia e lideranças organizacionais. Essas desconexões comprometem a priorização, o alinhamento e a entrega de valor.

Este livro apresenta uma abordagem prática e objetiva para criar KPIs e OKRs que conectam esforços técnicos diretamente ao impacto organizacional. Nele, você encontrará desde os fundamentos para a medição e definição de objetivos até métodos para traduzir performance técnica em resultados tangíveis para o negócio. Além disso, desafios enfrentados por líderes e equipes técnicas na comunicação do valor gerado por suas iniciativas.

Com foco em aplicabilidade e alinhamento estratégico, este guia é ideal para quem busca transformar métricas em ferramentas poderosas para decisões e impactos. É um convite a quem deseja construir pontes sólidas entre excelência técnica e sucesso organizacional, ajudando líderes a medir o que importa e priorizar o que realmente gera valor.

Sobre o Autor

Oi, eu sou Guilherme dos Santos (AKA Gui Santos), e admito: tenho uma leve obsessão por resolver problemas técnicos – de preferência, de uma forma que ninguém precise sofrer no processo. Passei boa parte da minha carreira ajudando engenheiros a serem mais eficientes, líderes a tomarem melhores decisões e empresas a entenderem que engenharia de plataforma não é só mais um buzzword (eu prometo!).

Minha paixão pela tecnologia começou aos 10 anos, quando vi um computador pela primeira vez. Eu não fazia ideia de que essa curiosidade iria mudar não só a minha vida, mas também a da minha família. Filho de mãe solo, a infância foi cheia de desafios, mas sempre encontrei na tecnologia e nos games um universo onde podia criar, explorar e aprender.

Aos 14 anos, criei um servidor de jogo no computador do meu padrasto. Aos 16, comecei a dar aulas de desenvolvimento web, hardware e redes de computadores. Aos 19, já era sócio de uma empresa de tecnologia. Cada passo me levou a me aprofundar cada vez mais no desenvolvimento de software e a entender como a tecnologia pode transformar vidas – inclusive a minha.

Minha jornada profissional sempre foi movida pela vontade de criar e compartilhar conhecimento. Já desenvolvi jogos indie com a mesma dedicação que outras pessoas têm para maratonar séries. Também fundei uma comunidade pioneira no Brasil sobre Platform Engineering, e essa experiência foi um dos maiores impulsos para minha carreira.

Ao longo do caminho, tive o privilégio de liderar projetos incríveis em empresas como Neon, Stone, Catho e Climatempo. Criei trilhas de carreira, implementei estratégias que geraram impacto em centenas de engenheiros e a economizar milhares de horas de desenvolvimento para essas organizações.

Este livro é a soma de tudo em que acredito: conhecimento técnico é uma ferramenta poderosa, mas só faz sentido se for aplicado de forma acessível e estratégica. Minha esperança é que você encontre, ao longo dessas páginas, inspiração para transformar a forma como mede, valoriza e evolui o trabalho técnico.

Boa leitura e sucesso na sua jornada!

Dedicatória

Dedico este primeiro livro à minha filha, Cecília, que, em um ano de tanto sofrimento, foi a luz que manteve viva a chama da esperança. À minha esposa, Yara, que tantas vezes me ergueu do chão quando eu acreditava não ter mais forças para continuar. À minha mãe, Simone, cuja luta incansável garantiu um futuro para seus filhos. E à minha sogra, Nouza, e ao meu sogro, João Evandro, que me acolheram em sua família como um filho, com amor e generosidade.

A cada um de vocês, que acreditaram no meu trabalho desde o início e decidiram investir nos primeiros exemplares deste livro, deixo aqui minha mais sincera gratidão. Seu apoio foi combustível para transformar uma ideia em realidade.

Rodrigo Sousa, Carlos de Dio Neto, Luiz Gustavo Neves, Juan Fernandes, Lorena Goes Montes, Curtis Young Moura, Marcelo Rodrigues, Wellington J. Amaro, Pedro J. G. Culque, Giovani Brioni Nunes, Diogo C. T. Batista, Gustavo Livrare Martins, Edson H. F. Batista, Vinicius Sevilha, Bruna Albino, Gustavo dos Santos Oliveira, Josias S. Valiengo, Thiago P. Souza, Alexandre da Costa Lima, Danillo de Souza Barreto, Adilson F. Santos, Vinicius Blasek e Diego Silva.

Vocês são parte desta jornada. Obrigado por acreditarem!

Sobre o Livro

O Engineering Metrics está em desenvolvimento e esta é a **Primeira Edição** de um planejamento que prevê até três edições até sua versão final, e revisada. Aqui, você encontrará muito conteúdo valioso, mas também algumas áreas em que melhorias ainda serão feitas.

Se você está lendo esta versão, terá acesso a todas as futuras atualizações, correções e aprimoramentos **sem nenhum custo adicional**. Nas próximas edições, pretendo incluir ilustrações mais detalhadas, exemplos aprimorados e refinar ainda mais as ideias apresentadas.

Obrigado por embarcar nesta jornada comigo e contribuir para tornar este livro ainda melhor!

Release Notes

Versão	Data	Modificações
E1.1.0	12/DEZ/2024	Lançamento do Ebook.
E1.1.2	18/DEZ/2024	Ajustes de formatação.
E1.1.3	21/DEZ/2024	Correções de erros na digitação e melhorias na formatação.

Introdução

Métricas, KPIs e OKRs: conceitos aparentemente simples, mas que podem gerar tanto fascínio quanto frustração. De um lado, prometem alinhamento, clareza e resultados mensuráveis. Do outro, são facilmente transformados em gráficos coloridos e pouco úteis ou, pior, discussões intermináveis sobre "o que realmente importa medir". Este livro é para você que quer transformar dados em decisões reais e fugir desses cenários.

Aqui, métricas não serão tratadas como algo místico ou inacessível. São ferramentas práticas que, quando bem aplicadas, transformam caos técnico em impacto estratégico. O verdadeiro desafio é escolher o que medir, como medir e, principalmente, como usar esses dados para gerar valor.

Você encontrará neste livro um guia que conecta o mundo técnico ao estratégico sem perder o bom senso. Desde os fundamentos básicos (porque, sim, é preciso entender o que se está medindo) até frameworks práticos e exemplos reais, este livro cobre tudo para quem quer dominar o tema.

Com uma abordagem prática, este livro será seu aliado para conectar esforços técnicos a resultados palpáveis. Porque medir o que importa não precisa ser um pesadelo – pode até ser divertido.

Este Livro é Para Você Se...

Você lidera ou faz parte de uma equipe técnica e quer transformar métricas em ferramentas úteis, evitando gráficos que só servem para “enfeitar” reuniões.

Sua empresa está começando a adotar KPIs ou OKRs, e você precisa de um guia prático para fugir da armadilha das "métricas do hype" que todo mundo adota, mas ninguém sabe usar.

Sua organização já utiliza métricas, mas elas parecem mais exercícios criativos do que instrumentos para conectar esforços técnicos a resultados reais.

Você precisa justificar investimentos técnicos para stakeholders não técnicos, mas toda vez que menciona “frequência de deploys” sente que está falando outra língua.

Você vem de um background técnico e quer aprender a traduzir dados em insights claros e acionáveis para o negócio.

Você é gestor ou líder estratégico, e quer métricas que vão além de slogans genéricos como "120% de aumento no engajamento".

Boa notícia!
Seja você iniciante ou experiente, este livro é para transformar métricas em ferramentas úteis. Vamos nessa?

Obs.: Se você já domina métricas e comprou esse livro para ter acesso ao catálogo de métricas, vá direto para o capítulo 12.

Conteúdo

Parte 1 — Conceitos Fundamentais

Antes de se aventurar no universo das métricas e sair por aí criando gráficos e relatórios, é essencial entender os fundamentos. A **Parte 1: Conceitos Fundamentais** é como o mapa do tesouro - sem ela, você pode até encontrar algo interessante, mas dificilmente chegará onde realmente importa.

Começamos pelo básico no **Capítulo 1**, explorando o que são métricas e por que elas importam tanto. Spoiler: não é porque ficam bonitas em dashboards, mas porque ajudam a alinhar equipes, identificar prioridades e, claro, medir resultados. Descubra como distinguir métricas úteis daquelas que só servem para enfeitar reuniões.

No **Capítulo 2**, você aprenderá a diferença entre KPIs, OKRs e MBO. Apesar dos nomes complicados, a ideia aqui é simples: entender qual dessas ferramentas usar em cada situação - e como combiná-las sem gerar confusão ou trabalho desnecessário.

Já no **Capítulo 3**, conectamos as métricas às apostas estratégicas. Afinal, não adianta medir por medir. Aqui, mostramos como usar métricas para monitorar o progresso das grandes decisões e garantir que todo mundo esteja indo na mesma direção - ou, pelo menos, evitando grandes desvios.

Capítulo 1:
O que são métricas e por que são importantes

Imagine este cenário: sua equipe técnica está em uma reunião de retrospectiva, discutindo por que os prazos não estão sendo cumpridos. Alguém sugere que o problema é "falta de foco". Outro menciona que talvez o tempo de revisão dos Pull Requests esteja demorando muito. E então, surge a pergunta inevitável: “Alguém tem dados sobre isso?” Silêncio. Todos olham para o quadro branco, mas ele não responde. É aqui que métricas entram como superpoderes, transformando opiniões vagas em insights.

Métricas são a bússola que orienta equipes e organizações, ajudando a tomar decisões baseadas em dados, e não em suposições ou instintos (por melhores que sejam). Elas nos dizem onde estamos, para onde vamos e se estamos indo rápido o suficiente.

No mundo técnico, onde dados são abundantes e decisões rápidas são críticas, **métricas bem escolhidas** podem ser a diferença entre equipes eficazes e equipes que estão apenas ocupadas. Este capítulo vai explorar o que são métricas, por que elas importam e como evitarmos cair nas armadilhas das famosas *“métricas de vaidade”*.

O que são métricas?

De forma simples, **métricas são medidas que usamos para avaliar o desempenho de algo** - uma equipe, um sistema ou um processo. Elas transformam informações complexas em números que podem ser interpretados e utilizados para **tomar decisões**.

Na engenharia de software, métricas podem ser tão variadas quanto o tempo médio de deploy, a frequência de commits ou até a satisfação dos desenvolvedores. Em essência, métricas são como os indicadores do painel de um carro: ajudam você a saber se está indo na velocidade certa, se precisa abastecer ou se algo no motor merece atenção.

Métricas Operacionais

Estas são voltadas para o acompanhamento diário, ajudando a medir a eficiência e a saúde dos sistemas e processos. Elas ajudam a responder questões como:

Pergunta	Métrica	Objetivo
Qual é o tempo médio de resposta da API?	Tempo Médio de Resposta (API Response Time)	Avaliar a experiência do usuário e identificar gargalos.
Quanto tempo levamos para corrigir um incidente crítico?	MTTR (Mean Time to Recovery)	Medir a eficiência na resposta a falhas e incidentes.
Qual é a disponibilidade (uptime) do sistema?	Percentual de tempo em que o sistema ficou disponível.	Garantir a confiabilidade do sistema para os usuários.
Quantos incidentes foram reportados nas últimas 24 horas?	Contagem de incidentes.	Monitorar estabilidade e identificar padrões de falha.
Quanto tempo levamos para provisionar um novo ambiente?	Tempo de provisionamento de ambientes.	Identificar gargalos na criação de novos ambientes.

Tabela 1. Exemplos de perguntas voltadas para métricas operacionais.

Essas métricas são fundamentais para monitorar a operação e garantir a entrega contínua de valor, mas isoladas **podem não contar a história completa**.

Métricas Estratégicas

Já as métricas estratégicas conectam o trabalho técnico aos **objetivos de negócio**. Exemplos incluem:

Pergunta	Métrica	Objetivo
Como a estabilidade do sistema impacta a retenção de clientes?	Retenção de Clientes	Identificar como falhas técnicas afetam a fidelidade dos clientes.
Quanto tempo levamos para entregar valor ao cliente?	Lead Time para Entrega de Valor	Avaliar a eficiência do fluxo de desenvolvimento até a entrega ao cliente.
Qual é a satisfação dos usuários em relação à experiência?	NPS (Net Promoter Score) ou Pesquisas de UX	Acompanhar a percepção do cliente sobre o produto ou serviço.
Qual é o impacto das novas funcionalidades no engajamento?	Taxa de Engajamento Pós-Lançamento	Medir o uso de novas features e sua relevância para os usuários.
Qual é o ROI das melhorias técnicas implementadas?	Retorno sobre o Investimento Técnico	Mensurar ganhos financeiros em relação ao custo de iniciativas técnicas.

Tabela 2. Exemplos de perguntas voltadas para métricas estratégicas.

Essas métricas traduzem os resultados técnicos em impacto organizacional, permitindo que líderes avaliem se estão no caminho certo para atingir os objetivos da empresa. Veremos mais exemplos no dicionário de métricas.

Benefícios de Métricas Bem Escolhidas

Se escolhidas e usadas corretamente, as métricas são ferramentas poderosas para líderes técnicos e gestores. Aqui estão alguns dos principais benefícios:

1. Alinhamento Estratégico

Métricas ajudam a garantir que todos na organização estão remando na mesma direção. Por exemplo, se o objetivo da empresa é melhorar a retenção de usuários, métricas como tempo médio para resolução de bugs críticos (MTTR) podem indicar o impacto da estabilidade na experiência do cliente.

Exemplo prático: Uma startup queria aumentar a base de clientes, mas as métricas de crescimento estavam focadas na quantidade de novas features entregues. Ao alinhar as métricas ao objetivo estratégico (taxa de retenção de clientes), a equipe percebeu que a prioridade deveria ser melhorar a confiabilidade do produto, e não adicionar novos recursos.

2. Visibilidade e Diagnóstico

Métricas bem escolhidas iluminam o progresso e os gargalos. Elas ajudam líderes a identificar problemas antes que eles escalem.

Exemplo prático: Em uma equipe de platform engineering, o aumento no tempo de espera para deploys foi identificado como um gargalo crítico. A análise revelou que o atraso era causado por aprovações manuais exigidas nas reuniões de GMUD e CAB, conforme as práticas do ITIL. Para resolver isso, a equipe implementou automações no processo de aprovação para mudanças de baixo risco. Usando ferramentas integradas ao pipeline, as aprovações para essas mudanças passaram a ser realizadas automaticamente com base em regras predefinidas e verificações de conformidade. Isso reduziu o tempo de espera de dias para minutos, mantendo a governança e acelerando significativamente as entregas.

3. Priorização Baseada em Dados

Com dados claros, decisões deixam de ser baseadas em achismos. Métricas oferecem uma base sólida para priorizar esforços onde eles terão maior impacto.

Exemplo prático: Um time de produto percebeu que 80% dos incidentes críticos estavam relacionados a um único serviço. Com essa informação, priorizaram esforços para refatorar o código daquele serviço, reduzindo incidentes futuros e aumentando a confiabilidade geral do sistema.

Desafios na Medição

Medir o desempenho técnico e organizacional é uma tarefa essencial, mas cheia de armadilhas. Mesmo com as melhores intenções, é fácil se perder em métricas que não agregam valor, dados inconsistentes e dificuldades para conectar esforços técnicos a resultados estratégicos. Vamos explorar os principais desafios e como lidar com eles.

1. Métricas de Vaidade

Métricas de vaidade são números que "parecem bons", mas que oferecem pouco ou nenhum insight prático para tomada de decisões. Exemplos clássicos incluem o número de commits por desenvolvedor ou a quantidade de testes executados. Embora impressionantes à primeira vista, essas métricas raramente estão conectadas a resultados reais de negócio.

Por que são problemáticas?

1. Falsa Sensação de Progresso: Esses números criam a ilusão de que as coisas estão indo bem, quando, na verdade, não há garantia de que estão contribuindo para os objetivos principais. Um aumento em commits ou builds pode parecer positivo, mas não indica diretamente melhorias no produto final ou satisfação do cliente.
2. Comportamentos Contraproducentes: As métricas de vaidade podem incentivar práticas como priorizar quantidade sobre qualidade, o que prejudica os resultados. Por exemplo, em um esforço para aumentar a produtividade aparente, os desenvolvedores podem dividir mudanças mínimas em múltiplos commits para "inflar" os números.
3. Falta de Contexto: Esses números frequentemente não refletem as complexidades reais de um projeto ou os desafios enfrentados pela

equipe. Uma métrica sem análise qualitativa pode esconder gargalos, riscos ou problemas estruturais.

Exemplos Comuns de Métricas de Vaidade

1. Número de Commits por Desenvolvedor: Um desenvolvedor com muitos commits pode estar fazendo ajustes triviais em vez de contribuições significativas.

2. Quantidade de Testes Executados: Testar muito não significa testar bem. A qualidade dos testes (e.g., cobertura significativa de código) é mais importante do que o número bruto de execuções.

3. Usuários Cadastrados: O número de usuários cadastrados em um sistema não diz muito sobre engajamento e retenção. Usuários inativos ou abandonados podem estar mascarados.

Exemplo prático: Uma equipe de desenvolvimento celebrou um aumento de 50% no número de commits por semana. No entanto, quando os gerentes analisaram mais profundamente, perceberam que a maioria dos commits eram pequenas alterações de formatação ou atualizações triviais. Isso não contribuiu para entregas mais rápidas ou para melhorar a experiência do cliente.

Para corrigir o foco, a equipe decidiu acompanhar tempo de ciclo e tempo para resolução de incidentes. Isso os ajudou a identificar gargalos reais no processo e priorizar melhorias que realmente impactam o fluxo de entrega e a satisfação dos stakeholders.

Como evitar a armadilha?

Foque em Métricas de Impacto: Substitua métricas de vaidade por indicadores que mostram resultados tangíveis e que sejam alinhados aos objetivos da equipe e da empresa.

Faça Perguntas-Chave: Antes de usar qualquer métrica, pergunte:

- "O que essa métrica realmente mede?"
- "Como ela nos ajuda a tomar decisões melhores?"
- "Como isso impacta o cliente ou os objetivos do negócio?"

Combine Métricas com Análises Qualitativas: Use métricas como um ponto de partida, mas complemente-as com análises qualitativas para entender o contexto. Pergunte à equipe: "Por que essa métrica subiu ou desceu?"

Métricas de vaidade são como decorações em um bolo: podem torná-lo bonito, mas não adicionam sustância. Para maximizar o impacto das medições, priorize métricas que estão diretamente ligadas a resultados reais, evite distrações causadas por números impressionantes, mas irrelevantes, e sempre conecte as medições aos objetivos estratégicos da equipe e da organização.

2. Conexão Entre Métricas Técnicas e Resultados de Negócio

Outro desafio comum é traduzir métricas técnicas em termos que façam sentido para o negócio. Por exemplo, métricas como "tempo de build" ou "taxa de cobertura de testes" podem ser úteis para a equipe técnica, mas isoladas, têm pouco impacto estratégico.

Por que isso é importante?

- Decisores de alto nível precisam entender como os esforços técnicos suportam metas organizacionais, como aumento de receita ou melhoria na experiência do cliente.
- Sem essa conexão, é difícil justificar investimentos em iniciativas técnicas.

Exemplo prático: Uma organização reduziu o tempo de deploy de dois dias para duas horas. Embora isso fosse um grande feito técnico, só ficou claro para a liderança quando vinculado à métrica de tempo de lançamento no mercado (time-to-market), mostrando que as equipes poderiam atender a novas demandas mais rapidamente.

Vincule métricas técnicas a KPIs estratégicos, como receita, retenção de clientes ou eficiência operacional.

Comunique o impacto das métricas técnicas em uma linguagem que os gestores entendem, como "isso reduz o tempo de lançamento em 30%, aumentando nossa competitividade."

3. Coleta de Dados e Confiabilidade

A coleta de dados precisa e confiável é outro ponto crítico. Métricas baseadas em dados inconsistentes ou incompletos podem levar a decisões equivocadas, prejudicando a confiança das equipes e da liderança.

Por que isso acontece?

- Ferramentas mal integradas ou processos de medição manuais introduzem erros.
- Dados podem ser mal interpretados ou manipulados para atender a narrativas específicas.

Exemplo prático: Uma equipe utilizava métricas de tempo de resposta para avaliar a eficiência do suporte técnico. Porém, os dados excluíam tickets reabertos, o que mascarava problemas crônicos na resolução de solicitações.

Como garantir confiabilidade?

- Automação: Use ferramentas de monitoramento e coleta de dados bem integradas para reduzir erros manuais.
- Revisões regulares: Valide os dados e as fontes periodicamente para garantir consistência.
- Transparência: Disponibilize os dados para todas as partes interessadas, promovendo discussões baseadas em fatos.

Medição eficaz exige mais do que escolher métricas; ela demanda intenção, conexão com os objetivos do negócio e processos confiáveis. Evitar métricas de vaidade, conectar métricas técnicas a resultados estratégicos e garantir a confiabilidade dos dados são passos cruciais para que as métricas realmente sirvam como bússolas para o sucesso.

Nos próximos capítulos, exploraremos como transformar essas boas práticas em estratégias que capacitem líderes e equipes a entregar resultados sustentáveis.

Capítulo 2: Introdução e Comparando KPIs, OKRs e MBO

Em um mundo onde "o que não é medido não pode ser gerenciado", líderes técnicos enfrentam um desafio recorrente: escolher as ferramentas corretas para monitorar o progresso, alinhar equipes e impulsionar resultados. KPIs, OKRs e MBOs são as estruturas mais usadas para atingir esses objetivos, mas frequentemente há confusão sobre suas diferenças, complementaridades e melhores práticas.

Este capítulo busca desmistificar esses conceitos e fornecer orientações práticas sobre como utilizá-los estrategicamente.

KPIs (Key Performance Indicators)

O conceito de KPIs ganhou força nos anos 1960, com a evolução de metodologias de gestão focadas em resultados e o uso de métricas para apoiar a tomada de decisões. Embora o termo não tenha um criador específico, foi amplamente disseminado com a popularização de modelos de gestão como o Balanced Scorecard, desenvolvido por Kaplan e Norton nos anos 1990, que integrou KPIs como elementos centrais na análise de desempenho organizacional.

Key Performance Indicators (KPIs) são métricas específicas e quantificáveis que avaliam o desempenho de uma organização, equipe ou indivíduo em relação a metas predefinidas. Diferentemente de métricas genéricas, KPIs são escolhidos com base em sua relevância para os objetivos estratégicos e operacionais.

Por exemplo, enquanto uma métrica geral poderia medir a quantidade de visitantes no site, um KPI relevante para a área de vendas pode ser a conversão de leads em clientes.

Por que são importantes?

Os KPIs desempenham um papel fundamental na gestão estratégica e operacional, ajudando organizações a manter o foco no que realmente importa. Eles permitem identificar resultados tangíveis, reduzindo desperdícios em iniciativas de baixo impacto e concentrando esforços nas atividades que agregam maior valor. Com a capacidade de monitorar o progresso em tempo real, os KPIs facilitam ajustes proativos em estratégias e operações, promovendo maior agilidade e eficiência no alcance dos objetivos.

Além disso, os KPIs garantem o alinhamento organizacional, conectando os esforços individuais e de equipes às metas estratégicas da organização. Essa conexão promove coesão e direção clara, evitando esforços descoordenados. Finalmente, ao fornecer dados confiáveis e mensuráveis, os KPIs tornam a tomada de decisão mais informada e menos sujeita a interpretações subjetivas, elevando a qualidade das escolhas e o impacto das ações na organização.

Exemplos Práticos

Um exemplo comum é o tempo médio para resolução de incidentes (MTTR), utilizado por equipes de infraestrutura para avaliar a estabilidade e a eficiência na resolução de problemas. Essa métrica ajuda a identificar gargalos no processo e a melhorar a confiabilidade dos sistemas.

Outro exemplo é a frequência de deploy, muito utilizada no contexto DevOps para medir a agilidade no ciclo de entrega contínua. Esse KPI é crucial para equipes que buscam entregar valor de forma rápida e consistente, atendendo às demandas do mercado.

Por fim, a taxa de churn de clientes é essencial, pois fornece insights sobre a retenção de clientes e o impacto das estratégias aplicadas. Ao monitorar o churn, as empresas podem identificar tendências de insatisfação e implementar ações corretivas para melhorar a experiência do cliente e a fidelização.

Erros Comuns ao Usar KPIs

Embora KPIs sejam ferramentas indispensáveis, usá-los de forma inadequada é como tentar medir a temperatura com uma régua: o resultado pode ser desastroso. Um dos erros mais comuns é a escolha de métricas irrelevantes. Adotar KPIs genéricos ou desconectados dos objetivos estratégicos é como gastar energia contando as flores no jardim enquanto o telhado está pegando fogo. Foco é essencial!

Outro erro frequente é a falta de clareza na definição. Se o KPI é tão vago que ninguém entende o que ele mede, ele se transforma em mais um "enfeite corporativo" em vez de uma ferramenta útil. Ainda pior é o excesso de KPIs, que pode fazer sua equipe se sentir como um malabarista tentando equilibrar bolas demais — no final, algumas vão cair, e nenhuma delas será importante.

Também é comum ver a negligência na revisão periódica. Métricas desatualizadas são como usar um mapa antigo para navegar: você pode acabar na estrada errada ou, pior, perdido no meio do nada. Finalmente, o foco exclusivo no desempenho passado é como dirigir olhando apenas pelo retrovisor. Claro, você sabe onde esteve, mas tem boas chances de bater na primeira curva do caminho.

Evitar esses erros não é apenas sobre eficiência — é sobre garantir que seus KPIs realmente ajudem sua organização a avançar, e não a tropeçar em métricas inúteis ou desatualizadas.

OKRs (Objectives and Key Results)

Os OKRs (Objectives and Key Results) nasceram nos corredores da Intel, na década de 1970, pelas mãos de Andy Grove, que buscava uma maneira de alinhar equipes e objetivos em tempos de mudanças rápidas e inovação tecnológica. Décadas depois, o Google popularizou a metodologia, transformando-a em uma referência global. A premissa dos OKRs é conectar objetivos inspiradores a resultados mensuráveis, criando um equilíbrio entre ambição e execução prática.

Um objetivo em um OKR deve ser aspiracional e motivador, algo que impulsione a equipe a buscar novos patamares. Por outro lado, os resultados-chave trazem essa ambição para o terreno mensurável, respondendo à pergunta: "Como saberemos que chegamos lá?" Essa combinação evita que metas ousadas fiquem apenas no mundo das ideias, traduzindo a visão em ações claras.

Enquanto os KPIs monitoram o desempenho contínuo, os OKRs são desenhados para ciclos curtos, como trimestres, e incentivam a definição de "moonshots" — metas desafiadoras que impulsionam a inovação. Ao contrário de ferramentas que apenas medem o passado, os OKRs nos provocam a pensar no futuro e a criar um impacto significativo.

Exemplos Práticos

Os OKRs se adaptam a diferentes contextos organizacionais, desde startups até grandes corporações. Imagine uma empresa de tecnologia que deseja melhorar sua experiência do cliente. O objetivo pode ser: "Revolucionar o suporte ao cliente para torná-lo líder de mercado". Os resultados-chave associados seriam claros e mensuráveis, como:

- Reduzir o tempo médio de resposta no suporte de 5 horas para 1 hora.
- Aumentar a pontuação de satisfação do cliente (CSAT) de 85% para 95%.
- Implementar uma funcionalidade de autoatendimento que resolva 40% das consultas.

Outra aplicação pode ser encontrada em uma equipe de desenvolvimento de software. O objetivo poderia ser "Aumentar a eficiência das entregas contínuas", com os seguintes resultados-chave:

- Aumentar a frequência de deploys de 2 para 5 por semana.
- Reduzir a taxa de falhas em implantações de 10% para 2%.
- Diminuir o tempo médio para resolução de incidentes críticos de 4 horas para 1 hora.

Os OKRs, nesses exemplos, não apenas direcionam esforços, mas também criam uma cultura de transparência e compromisso com metas claras e ousadas.

Erros Comuns

Os OKRs, apesar de sua eficácia, não são mágicos — e definitivamente não estão imunes a falhas. Um dos deslizes mais frequentes é definir objetivos pouco inspiradores ou irrelevantes. Pense nisso: se o objetivo não engajar a equipe, ele rapidamente se transforma naquela tarefa que todos procrastinam e só lembram no dia da apresentação trimestral. E, sejamos honestos, "Melhorar um pouquinho o que já está funcionando" não vai mover montanhas — nem equipes.

Outro erro clássico é exagerar na quantidade de OKRs. Isso é como tentar equilibrar 15 pratos em uma só mão: no final, nenhum fica de pé. Quando tudo é prioridade, nada realmente é. Equipes sobrecarregadas com OKRs demais acabam perdendo o foco e entregando menos do que poderiam.

A negligência no acompanhamento também é uma armadilha comum. Sem check-ins regulares, os OKRs tendem a virar "relíquias trimestrais", redescobertas no final do ciclo com aquela cara de "Nossa, esqueci que isso existia". O acompanhamento constante é o que garante que ajustes sejam feitos no caminho, evitando surpresas desagradáveis no fim.

Outro equívoco é ignorar os "moonshots", as metas ambiciosas que realmente desafiam a organização. Subestimar o poder desses objetivos transforma os OKRs em algo ordinário, sem o impacto transformador que deveria ter. Metas fáceis de atingir são confortáveis, mas, como dizem, ninguém escreve livros sobre quem ficou na zona de conforto.

Por fim, a busca incessante por 100% de sucesso em todos os resultados-chave é um clássico mal-entendido. OKRs bem definidos incentivam a ousadia, e atingir 70% já é considerado sucesso ideal. Se você atingiu 100%, há grandes chances de que suas metas não fossem tão desafiadoras assim. Afinal, como dizia Andy Grove: "Metas fáceis não inspiram ninguém — só preguiça."

Os OKRs são como uma bússola organizacional, mas requerem disciplina, alinhamento estratégico e, claro, uma dose saudável de ambição.

Práticas comuns

Para garantir que os OKRs sejam implementados com eficácia, algumas práticas comuns são amplamente adotadas. Essas práticas ajudam a criar consistência, transparência e disciplina na execução. Vamos detalhá-las:

1. Check-ins regulares: Reuniões semanais ou quinzenais para revisar o progresso.

- Objetivo: Monitorar os avanços em relação aos objetivos, identificar bloqueios e ajustar estratégias conforme necessário.
- Benefício: Mantém os OKRs "vivos" e alinhados com as prioridades do momento, evitando que se tornem itens esquecidos.

2. Scoring: Avaliação do progresso ao final de cada ciclo, geralmente em uma escala de 0 a 1.

- Ponto-chave: Uma pontuação de 70% é considerada ideal, indicando que as metas foram ambiciosas, mas ainda alcançáveis.
- Benefício: Promove reflexão sobre desempenho, incentivando aprendizado e melhoria contínua.

3. Transparência: Tornar os OKRs visíveis para todos na organização.

- Objetivo: Promover colaboração, alinhamento e responsabilidade compartilhada.
- Prática comum: Utilização de ferramentas ou dashboards para exibir o progresso em tempo real, permitindo que equipes interdependentes acompanhem as metas umas das outras.

4. Revisões trimestrais: Sessões no final de cada ciclo para avaliar resultados e redefinir metas.

- Objetivo: Discutir aprendizados, celebrar conquistas e ajustar os OKRs para o próximo período com base em insights coletados.
- Benefício: Garante que o framework permaneça dinâmico e adaptado às mudanças do negócio.

5. Estabelecimento de metas aspiracionais e práticas: Dividir os OKRs em metas "moonshots" (ambiciosas) e "commitments" (essenciais e alcançáveis).

- Objetivo: Equilibrar ambição e realismo.
- Prática comum: Priorizar metas aspiracionais para inovação, enquanto garante que as metas práticas sejam cumpridas para continuidade operacional.

6. Alinhamento contínuo: Revisar regularmente a relação entre os OKRs de diferentes equipes e os objetivos estratégicos da organização.

- Objetivo: Evitar desalinhamento entre metas organizacionais e esforços das equipes.
- Benefício: Maximiza a colaboração e reduz a duplicação de esforços.

Com essas práticas, os OKRs ganham consistência na execução e se tornam ferramentas realmente úteis para alinhar equipes, promover inovação e alcançar resultados impactantes.

MBO (Management by Objectives)

O Management by Objectives (MBO), ou "Gestão por Objetivos", é uma metodologia de gestão criada por Peter Drucker nos anos 1950. Drucker, amplamente considerado o "pai da gestão moderna", desenvolveu o MBO como uma resposta ao ambiente corporativo da época, que carecia de clareza na definição de metas e responsabilidade individual. Ele acreditava que o sucesso organizacional depende de objetivos claros, mensuráveis e alinhados entre todos os níveis de uma organização.

A metodologia funciona ao definir objetivos organizacionais amplos e desdobrá-los em metas específicas para indivíduos e equipes, criando uma ligação direta entre os esforços de cada colaborador e os resultados globais. O desempenho é avaliado com base no cumprimento desses objetivos, reforçando a responsabilidade e a medição de progresso.

A Conexão com OKRs

O MBO é, em essência, o precursor dos OKRs (Objectives and Key Results). Andy Grove, ao criar os OKRs na Intel, usou o MBO como base, adicionando a flexibilidade dos resultados-chave e o foco em ciclos curtos e metas aspiracionais. Enquanto o MBO enfatiza metas específicas e fixas, os OKRs expandem essa visão, permitindo ajustes e maior transparência no progresso.

Compreender o MBO é essencial para líderes e gestores porque ele oferece os fundamentos que sustentam frameworks modernos como OKRs. O MBO introduziu o conceito de alinhamento estratégico, onde os objetivos organizacionais guiam as metas individuais. Esse alinhamento continua sendo um pilar central em metodologias contemporâneas.

Além disso, o MBO trouxe a ideia de que o sucesso de uma organização depende não apenas de uma boa estratégia, mas de sua execução. Ao medir o desempenho com base em metas claras, o MBO promoveu uma cultura de responsabilidade e resultados, algo que ainda ressoa nas práticas de gestão atuais.

Desafios do MBO e OKR em Contextos Ágeis

Embora o MBO tenha revolucionado a gestão, ele apresenta limitações em ambientes dinâmicos e ágeis. Como foca em metas rígidas e muitas vezes individuais, pode sufocar a colaboração e a adaptação — dois elementos cruciais para equipes que lidam com mudanças rápidas. O MBO também tende a valorizar o "o que" foi alcançado, em vez de "como" o trabalho foi realizado, deixando de lado aspectos como cultura e aprendizado contínuo.

Os OKRs, por outro lado, promovem maior flexibilidade ao permitir revisões regulares, maior transparência entre equipes e a incorporação de metas aspiracionais. Essa adaptabilidade os torna mais adequados para o cenário atual de constante mudança.

Apesar de suas limitações, o MBO continua sendo uma ferramenta útil para alinhar objetivos estratégicos e operacionais, especialmente em organizações que valorizam metas claras e mensuráveis. Ele pode complementar frameworks modernos ao servir como uma base sólida para o desdobramento de objetivos e a medição de resultados.

Por exemplo, enquanto os OKRs podem estimular inovação com metas ambiciosas, o MBO pode garantir que elementos essenciais, como metas operacionais e de longo prazo, não sejam negligenciados. Em contextos mais estáveis, o MBO ainda brilha como uma metodologia eficiente e comprovada.

Compreender o MBO não é apenas um exercício histórico, mas uma maneira de entender como o alinhamento de objetivos e a medição de desempenho continuam sendo elementos centrais para o sucesso organizacional. Como Drucker dizia, "o que é medido é gerenciado". E é exatamente isso que frameworks como MBO e OKRs buscam garantir.

Árvore de KPIs: Ligando Estratégia a Métricas Operacionais

A Árvore de KPIs é uma ferramenta estratégica que serve como ponte entre os objetivos estratégicos de alto nível e as métricas operacionais. Sua estrutura visual organiza os KPIs de maneira hierárquica, conectando metas amplas da organização às ações práticas no dia a dia. Pense na árvore como um mapa que desce do tronco (os objetivos organizacionais) para os galhos e folhas (as métricas que monitoram as operações).

Essa abordagem permite que líderes e equipes vejam claramente como suas ações contribuem para os objetivos maiores da organização. Além disso, a árvore ajuda a identificar lacunas ou redundâncias nas métricas, otimizando esforços e garantindo que todas as metas estejam alinhadas.

Como Funciona?

A construção de uma Árvore de KPIs começa no topo, com um objetivo estratégico, que é desdobrado em objetivos táticos e, finalmente, em métricas operacionais. Cada nível da árvore tem uma função distinta:

1. Objetivo estratégico: Define a direção geral e os resultados desejados pela organização.
2. KPIs táticos: Traduzem o objetivo estratégico em metas intermediárias para áreas específicas.
3. KPIs operacionais: Monitoram a execução prática e fornecem dados em tempo real para ajustes.

Esse desdobramento garante que cada KPI seja relevante e mensurável, criando uma conexão lógica e direta entre estratégia e operação.

Nível	Objetivo	Tempo Médio
Estratégico	Longo-prazo: Foco em metas amplas que definem a direção da organização.	2-5 anos
Tático	Médio-prazo: Tradução dos objetivos estratégicos em metas específicas para áreas ou times.	6-12 meses
Operacional	Curto-prazo: Detalhamento de açoes e métricas que monitoram o esforço dirário e entregas.	1-3 Meses

Exemplo Prático 1: Satisfação do Cliente em um Contexto de Tecnologia

Imagine uma empresa que deseja melhorar a experiência do usuário em sua plataforma de SaaS. O objetivo estratégico seria:

- Objetivo Estratégico: "Aumentar a satisfação dos usuários na plataforma".

KPIs Táticos:

- Net Promoter Score (NPS): Avaliar a probabilidade de os usuários recomendarem a plataforma.
- Taxa de erros relatados pelos usuários: Monitorar o impacto de falhas no uso diário da aplicação.

KPIs Operacionais:

- Tempo médio para resolução de bugs críticos: Medir a eficiência das equipes em corrigir falhas que afetam a experiência do cliente.
- Taxa de sucesso em operações críticas: Avaliar a confiabilidade de funcionalidades principais, como login ou processamento de transações.
- Número de feedbacks positivos em pesquisas in-app: Monitorar a satisfação dos usuários diretamente na aplicação.

Exemplo Prático 2: Produtividade em Engenharia de Software

Agora, considere uma empresa que deseja melhorar a eficiência e o desempenho de suas equipes de desenvolvimento. O objetivo estratégico seria:

- Objetivo Estratégico: "Aumentar a produtividade das equipes de engenharia de software".

KPIs Táticos:

- Lead Time de entrega: Medir o tempo desde a criação de uma tarefa até sua entrega em produção.
- Frequência de implantação: Avaliar a capacidade de realizar entregas frequentes e consistentes de software.

KPIs Operacionais:

- Tempo médio para aprovação de pull requests: Medir a velocidade de colaboração entre os membros da equipe.
- Taxa de falhas em implantações (Change Failure Rate): Identificar a estabilidade e confiabilidade das entregas.
- Média de deploys: Avaliar a cadência de entregas contínuas da equipe.
- Número de tickets: Medir quantas vezes o fluxo está sendo interrompido por dependência de outras equipes.

Esses exemplos mostram como conectar objetivos estratégicos a métricas acionáveis no contexto de tecnologia, garantindo alinhamento entre metas organizacionais e as ações diárias das equipes técnicas.

KPIs, OKRs e MBOs são ferramentas essenciais para transformar estratégias organizacionais em resultados concretos. Cada uma tem seu papel distinto, mas, quando utilizadas de forma integrada, elas criam uma abordagem robusta para alinhar metas, medir progresso e promover colaboração em todos os níveis da organização.

Os KPIs oferecem um monitoramento constante, permitindo que líderes e equipes acompanhem a performance operacional em tempo real. Já os OKRs desafiam a organização a mirar mais alto, inspirando inovação com metas aspiracionais e ciclos curtos de revisão. O MBO, por sua vez, estabelece a base histórica para gestão por objetivos, proporcionando estrutura e clareza para desdobrar grandes metas em ações práticas. A combinação dessas ferramentas une o melhor de cada abordagem, equilibrando métricas operacionais, ambição e alinhamento estratégico.

Capítulo 3:
O Papel das Métricas nas Apostas Estratégicas

Toda organização bem-sucedida é, em essência, uma grande mesa de apostas. De tempos em tempos, líderes se deparam com decisões que podem definir o futuro de seus negócios. Investir em um novo produto? Apostar na modernização de uma plataforma? Expandir para um novo mercado? Essas decisões estratégicas são as chamadas Company Bets — grandes apostas que combinam intuição, experiência e dados.

No entanto, confiar apenas no "feeling" pode ser arriscado, especialmente em um mundo movido por dados. Métricas bem definidas são como cartas na manga, ajudando líderes a calcular melhor os riscos e priorizar iniciativas com potencial de gerar impacto real.

Um exemplo clássico é a LEGO, que quase foi à falência no início dos anos 2000, mas se recuperou ao apostar em linhas inovadoras como LEGO Mindstorms e licenças de grandes franquias, como Star Wars. Essas apostas foram guiadas tanto por insights criativos quanto por análises de mercado detalhadas. E foi a combinação de métricas e intuição que ajudou a empresa a se transformar em um case de sucesso.

Apostas Estratégicas: O Papel do Feeling e dos Dados

O feeling de mercado — aquela "intuição" que líderes experientes desenvolvem com o tempo — continua sendo um ingrediente essencial para grandes apostas. No entanto, por mais aguçado que seja, ele precisa ser complementado por dados concretos. É aqui que as métricas entram em cena, fornecendo um mapa confiável para navegar em terrenos incertos.Por exemplo:

- Oportunidades de Inovação: Antes de apostar no desenvolvimento de um novo produto, como saber se ele atenderá às necessidades do mercado? Métricas como pesquisas de satisfação do cliente (NPS), tendências de comportamento e análise de lacunas em produtos existentes podem apontar direções promissoras.
- Priorização de Projetos: Com recursos limitados, como decidir entre investir em uma iniciativa de automação interna ou na expansão de uma funcionalidade do produto? Métricas como ROI (Retorno sobre o Investimento) e Custo de Atraso (Cost of Delay) ajudam a tomar decisões fundamentadas.

A ideia é simples: o feeling nos diz "para onde olhar", enquanto as métricas nos mostram "se é seguro avançar".

Exemplos Reais de Apostas Estratégicas

Netflix: De DVDs para Streaming A Netflix fez uma aposta estratégica massiva ao transitar de um modelo de aluguel de DVDs para streaming de vídeo. Foi um movimento baseado não apenas no feeling de que o consumo digital ganharia força, mas também em métricas robustas: taxas de crescimento na penetração da banda larga, custos decrescentes de armazenamento e o aumento do tempo que as pessoas passavam online.

Amazon: O Lançamento do AWS O Amazon Web Services (AWS) começou como uma aposta ousada, baseada na ideia de que outras empresas precisariam de infraestrutura de computação. Métricas como a crescente adoção de soluções na nuvem e o tempo médio de configuração de servidores para startups deram a Jeff Bezos os dados necessários para transformar uma hipótese em uma das divisões mais lucrativas da empresa.

LEGO: Apostando em Educação Tecnológica Como mencionado, a LEGO apostou no segmento de aprendizado tecnológico com a linha Mindstorms. A empresa utilizou métricas como feedback de clientes, vendas em mercados experimentais e o crescente interesse por STEM (Ciência, Tecnologia, Engenharia e Matemática) para embasar sua decisão.

Conexão com o Mundo da Engenharia

Na engenharia de software, apostas estratégicas frequentemente envolvem decisões como:

- Migrar sistemas legados para a nuvem.
- Adotar práticas DevOps, Platform Engineering, DevEx e outras.
- Investir em novos recursos ou tecnologias emergentes.

A eficácia dessas apostas pode ser avaliada com métricas como:

- Lead Time para Mudanças: Mede o tempo para entregar uma ideia em produção.
- Taxa de Falhas em Deploys: Avalia a confiabilidade de novas implementações.
- Adesão de Usuários: Verifica o impacto de novos recursos diretamente no público.

Essas métricas permitem que equipes técnicas e líderes alinhem suas decisões com as metas estratégicas da organização.

Apostar estrategicamente não é apenas uma questão de coragem ou intuição. É um processo que exige equilíbrio entre feeling e dados. Enquanto a intuição direciona para oportunidades, as métricas trazem a clareza necessária para transformar hipóteses em resultados.

Ao final deste capítulo, fica claro que métricas são mais do que números. Elas são ferramentas que ajudam líderes e equipes a tomar decisões informadas, priorizar recursos e, principalmente, transformar apostas estratégicas em cases de sucesso.

Parte 2 — Do Planejamento à Implementação

Se a Parte 1 foi dedicada a entender o "porquê" das métricas, agora é o momento de mergulhar no "como". Afinal, definir métricas é só o começo; o verdadeiro desafio está em transformá-las em algo útil e acionável no dia a dia das equipes. É aqui que a teoria encontra a prática — e, dependendo do seu nível de preparação, a mágica ou o caos pode acontecer.

No Capítulo 4: Como definir métricas alinhadas ao negócio, exploraremos como conectar metas organizacionais às métricas certas. Essa tarefa exige equilíbrio entre estratégia e pragmatismo, garantindo que o que está sendo medido realmente faça a diferença. Porque, sejamos sinceros, não há nada mais frustrante do que investir tempo monitorando algo que não importa. Sim, estamos falando daquela velha métrica inútil, como "número de commits por desenvolvedor", que só serve para confundir.

No Capítulo 5: Coleta de dados e automação de métricas, mergulharemos no processo de capturar informações de forma confiável e automatizada. Em um mundo onde tecnologia e dados avançam a passos largos, depender de processos manuais é um risco — para não dizer retrógrado. Vamos mostrar como estruturar a coleta de dados sem sobrecarregar equipes, criando sistemas robustos que entregam informações úteis no momento certo.

Por fim, no Capítulo 6: Gerenciando o ciclo de vida das métricas, abordaremos como as métricas precisam evoluir com o tempo. Assim como produtos, métricas que não acompanham as mudanças da organização ou do mercado podem se tornar irrelevantes, ou pior, prejudiciais. Saber revisá-las, ajustá-las e, quando necessário, aposentá-las é essencial para garantir que elas continuem impulsionando decisões e resultados.

Com esses três capítulos, esta parte do livro vai guiá-lo pelo caminho do planejamento estratégico à implementação real, ajudando a transformar métricas em ferramentas valiosas para equipes e líderes. Prepare seu café e vamos descobrir como transformar números em decisões inteligentes e impactantes.

Capítulo 4: Como Definir Métricas Alinhadas ao Negócio

Em tecnologia, é fácil se perder em números, jargões e dashboards impressionantes. Mas, no final do dia, toda organização existe para cumprir um propósito — seja resolver problemas, gerar lucro ou mudar o mundo (com sorte, os três). Métricas, quando bem definidas, ajudam a garantir que os esforços técnicos estejam conectados a esses objetivos maiores. No entanto, o oposto também é verdadeiro: métricas desalinhadas podem gerar esforços desperdiçados e criar um abismo entre o time técnico e os líderes executivos.

Por isso, antes de falar sobre engenharia, código ou automação, precisamos abordar algo mais simples: o que realmente move o negócio? Para isso, entender a perspectiva de executivos e investidores é essencial. Esses grupos estão mais preocupados com resultados como crescimento de receita, satisfação do cliente e vantagem competitiva do que com o tempo médio de execução de um pipeline. Não que esses indicadores técnicos não sejam importantes, mas eles só se tornam relevantes quando contextualizados no impacto que geram no negócio.

A ponte entre tecnologia e negócios

Criar essa conexão entre métricas técnicas e objetivos de negócio é como construir uma ponte. De um lado, temos as equipes de engenharia, focadas em melhorar sistemas, entregar com eficiência e garantir estabilidade. Do outro, estão executivos e investidores, que precisam de respostas claras para perguntas como: "Estamos crescendo?", "Estamos atendendo bem nossos clientes?" e "Estamos reduzindo custos sem comprometer a qualidade?".

Vamos a um exemplo prático: se o objetivo da empresa é melhorar a retenção de clientes, a métrica mais valorizada pelos executivos pode ser o Net Promoter Score (NPS). Para o time técnico, isso pode ser traduzido em métricas como tempo médio de resposta no suporte, taxa de erros no sistema e tempo médio para resolução de incidentes (MTTR). Cada uma dessas métricas técnicas contribui diretamente para melhorar o NPS, criando um alinhamento claro entre as iniciativas técnicas e as metas de negócio.

Problemas de iniciativas não alinhadas

Quando métricas técnicas são definidas sem considerar os objetivos organizacionais, o resultado pode ser catastrófico. Imagine uma equipe que decide priorizar a modernização de um sistema interno porque "é a tecnologia mais recente" ou "será bom para o currículo". Por mais interessante que isso pareça, se a iniciativa não tiver um impacto claro no negócio, ela será vista como um desperdício de recursos.

Outro exemplo comum é o foco em métricas que impressionam tecnicamente, mas têm pouco impacto real. "Reduzimos o tempo de execução do nosso pipeline CI/CD em 10 minutos!" É uma conquista relevante, mas só será valorizada se esses 10 minutos representarem um aumento na frequência de deploys ou uma redução no tempo para colocar funcionalidades no mercado. Sem essa conexão, métricas técnicas podem rapidamente se transformar em ruído.

Na minha trajetória, já testemunhei iniciativas grandiosas que, ao longo de 9 a 12 meses, perderam prioridade simplesmente por falta de uma conexão clara com os objetivos do negócio. Casos como "desidratar o monolito" ou "desenvolver uma ferramenta interna no lugar de adotar algo open-source ou pago" são exemplos clássicos. Curiosamente, o problema muitas vezes não estava na ideia em si — afinal, essas iniciativas poderiam ter valor. O verdadeiro obstáculo era a incapacidade dos líderes de traduzir esses projetos técnicos em resultados alinhados com a estratégia organizacional. Essa desconexão frequentemente culminava em fracassos, perdas de recursos e, em alguns casos, até demissões. Uma lição que ficou clara é que, sem uma ponte entre a visão técnica e os objetivos estratégicos, mesmo as melhores iniciativas podem naufragar.

Entendendo o negócio: um exercício necessário

Para muitos líderes técnicos, mergulhar no mundo do negócio pode parecer tão intuitivo quanto resolver uma equação diferencial às 3 da manhã — sem café. Discutir sobre latência de API, otimizações de cache ou cobertura de testes é o nosso terreno confortável. Já falar sobre margens de lucro, ROI ou "market fit"? Bem, isso muitas vezes soa como um idioma completamente diferente. No entanto, ignorar essa camada pode limitar seriamente o impacto da engenharia no sucesso organizacional.

Aqui está a verdade: as melhores decisões técnicas não acontecem no vácuo. Cada escolha que você faz — seja migrar para a nuvem, adotar Kubernetes ou lançar uma nova feature — carrega implicações que vão além da tecnologia. Elas afetam diretamente o faturamento, a retenção de clientes e até a competitividade no mercado. E quando você entende essas conexões, não só toma decisões mais inteligentes, como também ganha algo inestimável: a confiança dos executivos.

Agora, eu sei o que você está pensando: "Mas eu não entrei nessa área para falar sobre dinheiro e estratégias corporativas." Sim, eu sei. Mas pense nisso como um investimento na sua própria relevância. Executivos precisam de líderes técnicos que compreendam a linguagem do negócio. E não, isso não significa decorar termos como "EBITDA" ou "CAGR" (embora, se quiser impressionar, vá em frente). Significa entender como suas decisões impactam o que realmente importa para a empresa.

Por isso, comece com perguntas simples, mas poderosas. Pergunte aos líderes: **"Qual é a prioridade da empresa para este trimestre?"** ou **"Como o sucesso será medido?"** Essas perguntas não apenas fornecem contexto para as suas decisões técnicas, mas também mostram que você está engajado no que realmente importa. É como dizer: "Eu não estou aqui apenas para resolver problemas técnicos. Estou aqui para ajudar a mover a empresa na direção certa."

Outra dica é participar de reuniões estratégicas ou ler relatórios trimestrais. Sim, pode parecer tedioso no começo, mas é aí que você encontra as respostas para perguntas como: "Por que estamos priorizando essa funcionalidade em vez daquela?" ou "Por que de repente todo mundo está obcecado com a retenção de clientes?" Esse tipo de contexto é como um upgrade para a sua visão estratégica.

E, claro, isso também ajuda na hora de traduzir as necessidades do negócio para a equipe técnica. Ninguém quer ouvir "Precisamos entregar isso porque o chefe pediu". Mas se você disser: "Estamos priorizando isso porque aumenta nossa retenção em 10%, o que reduz o custo de aquisição de clientes e melhora nossa margem operacional", de repente, a equipe está alinhada e motivada. Afinal, todos gostam de saber que o trabalho tem um impacto real.

Em resumo, entender o negócio pode não ser a habilidade mais natural para líderes técnicos, mas é, sem dúvida, uma das mais valiosas. Pense nisso como aprender um novo framework — um pouco complicado no início, mas depois que você pega o jeito, a eficiência aumenta exponencialmente. E quem sabe? Pode até ser divertido ver o impacto de suas decisões no quadro geral. Spoiler: é muito mais satisfatório do que resolver aquele bug do log que ninguém lê.

Capítulo 5: Coleta de Dados e Automação

Imagine que você está pilotando um avião com um painel de controle cheio de luzes piscando — mas nenhuma delas está conectada aos sistemas reais da aeronave. Assim são as métricas baseadas em dados ruins: confusas, enganosas e potencialmente catastróficas. Sem dados confiáveis, até mesmo as melhores intenções podem levar a decisões desastrosas, como otimizar um sistema que não precisa de melhorias ou ignorar problemas críticos.

Neste capítulo, vamos explorar os conceitos fundamentais por trás da coleta de dados e automação, abordando o "por quê" e o "como" que sustentam métricas confiáveis e acionáveis. Nosso foco será em princípios e estratégias, e não em ferramentas específicas ou implementações práticas. A ideia é oferecer uma visão abrangente e estratégica, que pode ser adaptada a diferentes contextos e realidades.

Como Escolher o Que Medir

A coleta de dados eficiente começa com uma pergunta fundamental: **"O que realmente importa para o negócio?"**. Sem essa clareza, você corre o risco de inundar sua equipe com informações irrelevantes. Métricas desnecessárias não só consomem recursos, mas também desviam o foco do que realmente importa.

Por exemplo, em uma equipe de engenharia de software, é tentador medir tudo: commits por desenvolvedor, linhas de código, cobertura de testes. Mas qual dessas métricas realmente impacta os objetivos estratégicos? Se a prioridade da empresa é reduzir o tempo de entrada no mercado (time-to-market), métricas como **lead time de mudanças**, **frequência de deploys** e **tempo médio para resolução de falhas (MTTR)** são muito mais relevantes do que o número de commits.

Definir o que medir é um exercício de alinhamento. Converse com executivos e pessoas de negócio para entender as metas do negócio e, a partir disso, traduza essas metas em indicadores técnicos. Métricas alinhadas são aquelas que contam uma história coesa, conectando os esforços da equipe às prioridades organizacionais.

Fontes de Dados e Integração

Os dados que alimentam suas métricas vêm de múltiplas fontes, cada uma com seu próprio propósito e formato. Ferramentas CI/CD fornecem informações sobre o ciclo de desenvolvimento, sistemas de monitoramento coletam dados sobre infraestrutura, CRMs trazem insights sobre interações com clientes, enquanto logs de aplicação detalham o comportamento do sistema. O desafio é unir tudo isso de forma coerente, criando uma visão integrada e acionável.

Integrar fontes de dados pode ser comparado a conduzir uma orquestra. Cada sistema é um instrumento, e o sucesso da integração depende de garantir que todos toquem no mesmo ritmo. Essa harmonia é alcançada por meio de pipelines bem projetados, onde os dados são coletados, transformados e exibidos em ferramentas de análise. No entanto, sem integração eficaz, você corre o risco de criar silos de dados, onde informações valiosas ficam inacessíveis ou subutilizadas.

Soluções e Boas Práticas

1. Escolha as Ferramentas Certas

A escolha das ferramentas certas é o alicerce para uma estratégia eficaz de coleta, monitoramento e visualização de dados. Cada organização possui necessidades específicas, e alinhar as ferramentas às metas do negócio e às demandas técnicas é essencial para obter resultados eficientes. Não adianta adotar a tecnologia mais popular se ela não se adapta à sua realidade operacional.

Para visualização de dados, ferramentas como Grafana, Power BI, Google Data Studio, Tableau e Kibana são amplamente utilizadas. Elas permitem criar dashboards personalizados, fornecendo insights claros e acionáveis para líderes e equipes técnicas. Por exemplo, Grafana é excelente para monitoramento em tempo real de sistemas, enquanto Power BI e Tableau se destacam na criação de relatórios analíticos detalhados.

Já para coleta e monitoramento de dados, soluções como Prometheus, Splunk e Elastic Stack são indispensáveis. O Prometheus, por exemplo, é ideal para métricas de sistemas em tempo real e é amplamente usado em ambientes DevOps. O Splunk oferece uma abordagem mais robusta para análise de logs, enquanto o Elastic Stack combina coleta, armazenamento e visualização de dados, sendo versátil para diferentes cenários.

A escolha das ferramentas deve considerar fatores como volume de dados, orçamento, curva de aprendizado e integração com os sistemas existentes. Avaliar casos de uso e realizar testes antes da adoção definitiva é uma prática recomendada para garantir que as ferramentas escolhidas se adaptem bem às demandas da sua equipe. Ferramentas alinhadas às necessidades certas não apenas otimizam processos, mas também economizam tempo e recursos ao longo do tempo.

2. Padronize os Dados

A padronização de dados é uma etapa essencial para garantir que métricas sejam consistentes, compreensíveis e úteis em toda a organização. Sem padrões claros, equipes diferentes podem interpretar os mesmos dados de maneiras distintas, o que gera confusão e decisões desalinhadas. A solução está na criação de um dicionário de dados, que funciona como um guia central para definir e manter uniformidade.

Um dicionário de dados deve incluir nomes consistentes para métricas, assegurando que todos falem a mesma linguagem. Por exemplo, se uma métrica é chamada de "Tempo Médio de Resposta" em uma equipe e "TMR" em outra, isso pode causar mal-entendidos. O dicionário padroniza esses termos, eliminando ambiguidades.

Além disso, é importante definir unidades padronizadas, como segundos, milissegundos ou porcentagens, dependendo do tipo de métrica. Sem essa uniformidade, comparar ou combinar dados pode se tornar inviável. Por exemplo, se uma equipe usa "segundos" e outra usa "milissegundos" para medir tempos de resposta, os resultados podem ser distorcidos sem uma conversão adequada.

Outro aspecto crucial é especificar métodos claros de cálculo. A definição exata de como as métricas são calculadas — incluindo as fórmulas usadas, os intervalos de tempo considerados e as exclusões aplicadas — garante que todos os relatórios e análises estejam alinhados. Por exemplo, se uma métrica como "Taxa de Erro" inclui falhas de teste em um departamento, mas não em outro, isso gera inconsistências nos resultados.

A padronização não apenas melhora a qualidade dos dados, mas também promove colaboração entre equipes e aumenta a confiança nas métricas. Quando todos interpretam os dados da mesma maneira, decisões mais rápidas e acertadas se tornam possíveis. Para manter a eficácia do dicionário, ele deve ser atualizado regularmente, especialmente à medida que novas métricas ou fontes de dados são introduzidas. Com dados padronizados, a organização constrói uma base sólida para análises consistentes e acionáveis.

3. Adote ETL (Extract, Transform, Load)

Use pipelines ETL para extrair dados de diferentes fontes, transformá-los em formatos padronizados e carregá-los em sistemas centralizados, como data warehouses. Ferramentas como Apache NiFi, Talend e AWS Glue são úteis para construir esses pipelines.

4. Priorize a Escalabilidade

Ao projetar pipelines, pense no futuro. Uma solução que funciona bem para 10 fontes de dados pode não escalar para 100. Escolha tecnologias que suportem alto volume de dados e automatize ao máximo os processos.

5. Centralize os Dados

A centralização de dados é essencial para garantir que todas as equipes tenham acesso a informações consistentes e confiáveis. Quando dados ficam dispersos em silos — armazenados por diferentes departamentos ou sistemas sem conexão entre si —, surgem problemas como inconsistências, redundâncias e dificuldade de acesso. Consolidar essas fontes em um único local, como um data lake ou um data warehouse, resolve essas questões ao criar um ponto único de verdade.

Um data lake é ideal para armazenar dados em seu formato bruto, sejam eles estruturados ou não, oferecendo flexibilidade para análises exploratórias e aprendizado de máquina. Ferramentas como AWS S3, Azure Data Lake ou Google Cloud Storage são amplamente utilizadas para essa finalidade. Já um data warehouse organiza os dados de forma estruturada, facilitando consultas rápidas e a criação de relatórios padronizados. Soluções como Snowflake, Amazon Redshift e Google BigQuery são populares nesse contexto.

A escolha entre data lake e data warehouse depende das necessidades da organização. Empresas que lidam com grandes volumes de dados não estruturados, como logs ou imagens, tendem a preferir um data lake. Já aquelas que precisam de análises e relatórios consistentes para métricas de negócios se beneficiam mais de um data warehouse.

Centralizar os dados não é apenas uma questão técnica, mas também estratégica. Com um local centralizado, os líderes podem tomar decisões com base em informações confiáveis, enquanto as equipes técnicas economizam tempo, eliminando a necessidade de buscar dados em múltiplas fontes. Além disso, a acessibilidade controlada permite que diferentes departamentos colaborem mais efetivamente, garantindo que toda a organização esteja alinhada em torno das mesmas métricas.

Exemplo Prático: Integração de Dados para FinOps

Uma organização está enfrentando dificuldades para entender e otimizar os custos de sua infraestrutura em nuvem. Os dados sobre uso e custos estão espalhados em diversas plataformas, dificultando a análise e tomada de decisões. A equipe de FinOps decide construir um pipeline integrado para monitorar gastos em tempo real e identificar oportunidades de economia.

Fontes de Dados:

1. Faturas de Provedores de Nuvem: AWS, Azure e Google Cloud fornecem arquivos detalhados de uso e cobrança (ex.: AWS Cost and Usage Report).
2. Dados de Uso de Recursos: Métricas de utilização de CPU, memória e armazenamento extraídas de ferramentas de monitoramento como Prometheus.
3. Ferramentas de Orçamento: Informações de planejamento financeiro vindas de sistemas ERP ou planilhas.
4. Dados de Governança: Informações de tagging de recursos para identificar quais equipes ou projetos estão consumindo recursos específicos.

Pipeline de Dados (ETL):

1. **Extração**:
    - Configure integrações automáticas com as APIs dos provedores de nuvem para capturar dados de custos.
    - Use ferramentas de monitoramento para coletar métricas de uso de recursos em tempo real.
    - Importe dados financeiros de sistemas ERP ou planilhas, garantindo que estejam atualizados.
2. **Transformação**:
    - Normalize os dados, criando um padrão para tags de recursos (ex.: nomes de projetos ou equipes).
    - Calcule custos associados a recursos não utilizados ou subutilizados, como instâncias ociosas.
    - Consolide custos em categorias úteis, como "custos por equipe", "custos por ambiente" (produção vs. desenvolvimento) e "custos por tipo de recurso" (computação, armazenamento, rede).
3. **Carregamento**:
    - Armazene os dados em um data warehouse ou data lake para centralização e análises futuras.
    - Use ferramentas como Snowflake ou BigQuery para consolidar informações de múltiplas fontes.

Visualização

A equipe de FinOps configura um dashboard em uma ferramenta como Power BI ou Grafana para exibir:

- Gastos Totais por Mês: Divididos por equipes, projetos e ambientes.
- Recursos Subutilizados: Como instâncias EC2 ociosas ou volumes de armazenamento não anexados.
- Projeção de Custos: Baseada em tendências de consumo.
- Acompanhamento do Orçamento: Comparando os gastos reais com o orçamento planejado para cada equipe ou projeto.

Benefícios e Ações Resultantes

1. Identificação de desperdícios: A visualização revela que 20% dos recursos de computação em desenvolvimento estão ociosos, gerando ações para desligar instâncias fora do horário comercial.
2. Otimização de custos: Dados mostram que mover cargas de trabalho de um tipo de instância EC2 para outro pode reduzir custos em 15%.
3. Alinhamento financeiro: O dashboard dá transparência aos líderes das equipes, permitindo que monitorem seus próprios gastos e tomem decisões mais informadas.

Capítulo 6: Gerenciando o Ciclo de Vida das Métricas

Métricas são como produtos: elas nascem, amadurecem, evoluem e, eventualmente, chegam ao fim de sua utilidade. No entanto, muitas organizações tratam métricas como elementos fixos e imutáveis, quando, na realidade, elas precisam acompanhar as mudanças no negócio, nos objetivos estratégicos e na tecnologia. Ignorar essa necessidade de evolução pode transformar até as métricas mais comuns em pesos mortos — ou pior, em agentes de confusão.

O ciclo de vida das métricas é uma abordagem estruturada que garante que elas permaneçam relevantes, úteis e conectadas às necessidades da organização. Este capítulo aborda as etapas principais deste ciclo, os desafios comuns e as melhores práticas para garantir que as métricas continuem a agregar valor.

Etapas do Ciclo de Vida das Métricas

Tudo começa com uma boa definição. Aqui, o objetivo é garantir que cada métrica tenha um propósito claro e esteja alinhada com os objetivos estratégicos. Isso inclui responder a perguntas como: Qual problema essa métrica resolve? Qual comportamento ela deve incentivar? Como será medida?

Definição

Uma métrica bem definida deve incluir:

- Um nome descritivo e claro.
- Uma fórmula ou método de cálculo.
- A fonte dos dados e a frequência de coleta.
- O objetivo que ela apoia.

Implementação

A implementação é o momento de configurar a coleta e os dados necessários. Aqui, entra o uso de ferramentas, pipelines e dashboards. O foco deve ser na automação para evitar coleta manual, que é suscetível a erros e ineficiências.

No entanto, é essencial envolver as equipes desde o início. Não adianta configurar uma métrica sofisticada que ninguém compreende ou utiliza. Workshops para explicar a métrica, suas implicações e como ela será visualizada são passos fundamentais para garantir adesão.

Monitoramento

Uma vez implementada, a métrica entra em sua fase de monitoramento contínuo. Essa etapa consiste em acompanhar os dados em tempo real ou em intervalos regulares, identificando padrões e anomalias. Por exemplo, um aumento repentino na "Taxa de Falhas em Deploys" pode sinalizar a necessidade de revisar processos de testes ou pipelines CI/CD.

Dashboards claros e bem projetados são cruciais nesta fase. Métricas dispersas ou mal apresentadas dificultam a tomada de decisão e acabam sendo ignoradas. Ferramentas como Grafana, Tableau ou Power BI ajudam a tornar as métricas acessíveis e acionáveis.

Avaliação

Nem todas as métricas se mostram eficazes ou relevantes ao longo do tempo. A etapa de avaliação periódica é necessária para garantir que as métricas continuem alinhadas com os objetivos organizacionais e refletem a realidade do negócio.

Por exemplo, se a organização migra de um monolito para uma arquitetura de microsserviços, métricas como "Tempo Médio de Resposta do Sistema" podem precisar de ajustes para incluir medições específicas por serviço. A avaliação pode incluir:

- Reuniões trimestrais ou semestrais com stakeholders.
- Revisão de tendências e impacto das métricas.
- Feedback das equipes que usam os dados para decisão.

Ajustes e Iterações

Quando uma métrica é avaliada e precisa de mudanças, entramos na fase de ajustes e iterações. Isso pode significar alterar a fórmula, mudar o escopo ou até adicionar novas fontes de dados.

Por exemplo, uma métrica de "Disponibilidade do Sistema" inicialmente calculada apenas para servidores pode ser expandida para incluir métricas de tempo de resposta de APIs e Tempo de renderização do APP, refletindo melhor a experiência do usuário final.

Aposentadoria

Finalmente, há o momento de dizer adeus. Métricas que não são mais úteis ou relevantes devem ser aposentadas. Isso não é um fracasso — é uma parte natural do ciclo de vida. Métricas obsoletas ocupam espaço e geram ruído, desviando o foco das que realmente importam.

Por exemplo, uma métrica como "Número de Commits por Desenvolvedor" pode ser relevante em contextos de aprendizado, mas rapidamente perde valor em equipes maduras que focam em impacto e qualidade e não no número de código.

Principais Desafios no Ciclo de Vida das Métricas

Gerenciar métricas ao longo de seu ciclo de vida não é isento de desafios. Alguns dos mais comuns incluem:

- Resistência à mudança: Equipes podem hesitar em abandonar métricas familiares, mesmo que elas não sejam mais úteis.
- Documentação insuficiente: Métricas mal documentadas dificultam ajustes ou avaliações futuras.
- Ruído de métricas desnecessárias: Métricas obsoletas ou irrelevantes podem gerar confusão e dispersar o foco.
- Conflitos entre equipes: Diferentes departamentos podem ter prioridades conflitantes quanto às métricas.

Boas Práticas para Gerenciar Métricas

- Rotinas de Revisão: Estabeleça reuniões regulares para revisar métricas e garantir sua relevância.
- Documentação: Mantenha um repositório centralizado com definições, fontes e métodos de cálculo.
- Transparência: Envolva todas as partes interessadas nas decisões sobre métricas.
- Política de Métricas: Crie diretrizes claras para introduzir, revisar e aposentar métricas.

Exemplo Prático: Revendo Métricas em um Projeto Ágil

Uma equipe de desenvolvimento utilizava o número de cards concluídos no Jira por sprint como principal métrica de produtividade. À primeira vista, parecia uma escolha lógica: afinal, mais cards significam mais trabalho feito, certo? Porém, durante uma revisão trimestral, começaram a surgir sinais de alerta. Os desenvolvedores estavam dividindo tarefas simples em múltiplos cards para "bater a meta". Isso criou um cenário quase cômico em que tarefas como "corrigir bug X" se desdobravam em "abrir o IDE", "escrever o código" e "comitar a mudança". O backlog virou praticamente um romance fragmentado em capítulos desnecessários.

Essa métrica, que deveria impulsionar a eficiência, estava incentivando comportamentos que distorciam a realidade. Pior ainda, ela desviava o foco de aspectos críticos, como qualidade do código, impacto das entregas e alinhamento com os objetivos do negócio.

Ao identificar o problema, a equipe decidiu adotar uma abordagem mais significativa: "Lead Time de Mudanças", uma métrica que mede o tempo entre o início de uma tarefa e sua conclusão em produção. Essa mudança incentivou os desenvolvedores a trabalhar de forma mais colaborativa e a priorizar entregas que realmente agregassem valor ao cliente.

O impacto foi imediato e positivo. Em vez de contar cards, a equipe passou a se concentrar em reduzir gargalos e melhorar a fluidez do trabalho. Os líderes notaram um aumento na transparência e na previsibilidade das entregas. Como bônus, as retrospectivas ficaram mais produtivas, já que deixaram de girar em torno de "quantos cards completamos" para discutir como melhorar o fluxo de trabalho.

Esse exemplo reforça que nem todas as métricas são inerentemente ruins, mas seu impacto depende de como são utilizadas e interpretadas. O "número de cards" tinha boas intenções, mas sem contexto, acabou incentivando comportamentos contraproducentes. Métricas mais alinhadas, como o Lead Time, ajudam a equilibrar eficiência e qualidade, criando um ambiente onde os resultados têm mais importância do que os números em um dashboard. Afinal, ninguém quer transformar um sistema de gestão em uma competição de "quem criou mais tarefas fictícias".

Métricas em Constante Evolução

As métricas devem ser tratadas como organismos vivos que evoluem junto com o negócio e a tecnologia. Gerenciar seu ciclo de vida é essencial para garantir que elas permaneçam relevantes, acionáveis e conectadas aos objetivos organizacionais. Métricas eficazes não são aquelas que duram para sempre, mas aquelas que, enquanto existirem, criam impacto. Afinal, mais do que números, métricas são ferramentas para orientar o sucesso.

Parte 3 — Desafios e Boas Práticas

Métricas, quando bem definidas e implementadas, têm um poder transformador. Mas, se mal usadas, podem ser comparadas a uma faca de cozinha: extremamente útil nas mãos certas, mas capaz de causar um belo estrago se mal manipulada. É aqui, nesta terceira parte do livro, que vamos abordar o lado menos glamoroso — e frequentemente ignorado — das métricas: os desafios, os erros e as boas práticas que garantem que elas sirvam ao propósito correto.

Alguns anos atrás, em um grande projeto, eu presenciei um erro clássico de métricas mal comunicadas. O CTO estava apresentando um dashboard cheio de gráficos coloridos, destacando como nossa "Taxa de Erros por Milhões de Requisições" havia caído drasticamente. A sala aplaudiu. Parecia uma vitória até que um engenheiro levantou a mão e perguntou: "Mas... quantas requisições estamos processando por dia agora?" Um silêncio tomou conta do ambiente. Descobrimos que, em vez de corrigir os erros, a equipe havia limitado drasticamente o número de requisições para mascarar a métrica.

Essa experiência é um lembrete de que métricas precisam de mais do que boas intenções. Elas exigem contexto, alinhamento e uma cultura que valorize a verdade acima de números bonitos. Afinal, **o objetivo das métricas não é impressionar, mas guiar decisões que criem impacto real.**

Nesta parte do livro, vamos explorar exatamente isso: como superar os desafios mais comuns e promover boas práticas. No Capítulo 7, vamos mergulhar nos erros clássicos na adoção de métricas, desde medir o que não importa até criar incentivos que distorcem comportamentos. No Capítulo 8, discutiremos como comunicar métricas de forma eficaz, porque, convenhamos, um gráfico mal explicado pode confundir até a pessoa mais analítica da sala. Por fim, no Capítulo 9, falaremos sobre como fomentar uma cultura orientada por métricas, garantindo que toda a organização esteja alinhada em torno de dados, e não de achismos. Prepare-se para uma leitura prática e reflexiva.

Capítulo 7: Erros Comuns na Adoção de Métricas

As métricas prometem clareza, orientação e eficiência. Na teoria, elas transformam o caos em direção e tornam decisões mais rápidas e embasadas. No entanto, na prática, a história nem sempre é tão simples. Quando mal escolhidas, implementadas ou analisadas, métricas podem se tornar armadilhas, incentivando comportamentos equivocados, criando ruídos e, em alguns casos, gerando mais problemas do que soluções. Métricas são como espelhos: se distorcidos, refletem uma imagem que pode enganar até os gestores mais experientes.

Certa vez, durante uma reunião para calibrar a performance da equipe, um gestor apresentou métricas de commits de uma engenheira e destacou que ela não havia feito nenhum commit nos últimos seis meses. A intenção era usar essa informação como base para questionar sua contribuição. Percebendo o contexto e a situação, interrompi e pontuei: **"Ela está de licença maternidade. Analisar métricas de commits não faz o menor sentido."**

Esse episódio revelou uma lição importante sobre o uso inadequado de métricas sem considerar o contexto. Métricas são ferramentas poderosas, mas isoladas de suas circunstâncias, podem levar a interpretações injustas e decisões equivocadas. Analisar a quantidade de commits é, por si só, uma métrica limitada, que nem sempre reflete a qualidade, o impacto ou até mesmo a realidade do trabalho de alguém. No caso específico, não apenas a métrica era irrelevante, como sua utilização desconsiderava a realidade humana daquela profissional.

Além disso, o episódio reforça a necessidade de humanizar a análise de métricas. Licenças médicas, ausências justificadas, mudanças de função ou mesmo períodos de foco em tarefas que não geram commits, como revisão de código ou mentoring, podem levar a leituras completamente distorcidas. Métricas como commits, tempo de trabalho logado ou até mesmo produtividade no **Jira não conseguem captar nuances do valor que uma pessoa realmente traz para a equipe.**

Esse caso também destaca a importância de líderes que conheçam suas equipes e questionem interpretações superficiais de dados. Sem isso, métricas podem ser facilmente usadas de forma descontextualizada, resultando em análises injustas e corrosivas para a cultura organizacional. Afinal, números contam histórias, mas cabe a nós garantir que essas histórias sejam contadas de forma completa e verdadeira.

Este capítulo é um guia para navegar pelos erros mais comuns na adoção de métricas, com o objetivo de evitar armadilhas que já fizeram muitos tropeçarem. Vamos explorar desde os problemas de escolha e implementação até a análise inadequada, sempre com exemplos práticos e dicas para transformar esses desafios em oportunidades de aprendizado.

Erros Comuns na Escolha de Métricas

A escolha de métricas certas é um dos passos mais cruciais no gerenciamento de qualquer iniciativa. Uma métrica bem definida pode alinhar equipes, focar esforços e impulsionar resultados estratégicos. Por outro lado, uma métrica mal escolhida pode fazer exatamente o oposto: desviar o foco, criar comportamentos indesejados e até comprometer o sucesso de projetos inteiros.

Métricas Desalinhadas com os Objetivos do Negócio

Um dos erros mais frequentes é adotar métricas que não refletem as prioridades estratégicas do negócio. Imagine uma equipe técnica se orgulhando de aumentar o número de deploys semanais, enquanto o objetivo principal da organização é garantir estabilidade para clientes críticos. Embora a frequência de deploys seja uma prática importante em DevOps, quando isolada e desvinculada de métricas de confiabilidade, como Taxa de Falhas em Deploys ou Tempo Médio para Recuperação (MTTR), ela pode se tornar contraproducente.

Esse desalinhamento frequentemente surge por falta de comunicação entre áreas técnicas e de negócios. Líderes técnicos devem se perguntar: "Essa métrica está ajudando a alcançar o objetivo maior ou apenas reflete uma parte isolada do processo?". Métricas precisam estar conectadas ao impacto no cliente, ao crescimento ou à eficiência operacional, caso contrário, tornam-se números desconectados.

Métricas Superficiais ou de Vaidade

Outro erro clássico é o uso de métricas superficiais, ou pior, de vaidade — aquelas que impressionam em relatórios e apresentações, mas oferecem pouco ou nenhum valor prático. Por exemplo, o número total de usuários cadastrados pode parecer impressionante em um slide, mas não diz nada sobre o engajamento ou a satisfação desses usuários. Milhões de cadastros são inúteis se a retenção for baixa ou se a maioria dos usuários abandonar a plataforma após o primeiro uso.

Uma abordagem mais eficaz seria usar métricas como Taxa de Retenção, que mede o número de usuários que continuam ativos após um período específico, ou Net Promoter Score (NPS), que avalia a probabilidade de os clientes recomendarem o produto. Essas métricas, além de mais acionáveis, oferecem insights profundos sobre o comportamento do cliente e ajudam a ajustar estratégias.

As métricas de vaidade também aparecem frequentemente em equipes técnicas. "Linhas de código escritas" ou "número de commits por desenvolvedor" não refletem qualidade ou impacto. Um código menor e eficiente pode ser muito mais valioso do que milhares de linhas mal escritas. Nesse caso, métricas como Lead Time de Mudanças ou Taxa de Aprovação em Revisões de Código fornecem uma visão mais significativa.

Excesso de Métricas

Se escolher métricas erradas é problemático, medir tudo indiscriminadamente não fica atrás. Quando tudo é considerado importante, nada é priorizado. Dashboards sobrecarregados, com dezenas de gráficos e números, criam confusão e dificultam a tomada de decisões. Em vez de esclarecer, eles consomem tempo precioso, pois as equipes gastam mais energia interpretando dados do que agindo sobre eles.

Um exemplo comum é tentar monitorar cada etapa de um pipeline de desenvolvimento sem distinguir o que realmente afeta o resultado final. Métricas como tempo médio de execução de testes ou logs detalhados são úteis para a equipe técnica durante a operação, mas, no contexto estratégico, podem ser irrelevantes para os stakeholders. Separar métricas operacionais (para o time técnico) de métricas estratégicas (para líderes e executivos) é uma prática essencial para evitar o "ruído de dados".

A chave está na priorização. Escolha poucas métricas críticas, aquelas que têm impacto direto nos objetivos organizacionais. Use frameworks como OKRs (Objectives and Key Results) para garantir que as métricas estejam conectadas aos resultados desejados. Um dashboard limpo e bem focado não apenas facilita o trabalho das equipes, mas também cria confiança na análise dos dados.

Impacto Real dos Erros

Esses erros não são apenas inconvenientes — eles têm impacto direto no desempenho da organização. Métricas desalinhadas podem levar equipes a investir tempo e esforço em iniciativas que não geram valor. Métricas de vaidade podem criar uma falsa sensação de progresso, mascarando problemas reais. E o excesso de métricas pode paralisar a tomada de decisão, gerando frustração e atrasos.

Para evitar esses erros, pergunte-se:

1. Essa métrica reflete algo que realmente importa para o negócio?
2. Ela incentiva o comportamento correto?
3. É fácil de entender e comunicar?
4. Pode ser medida com precisão e consistência?

Ao garantir que suas métricas sejam relevantes, acionáveis e alinhadas com os objetivos organizacionais, você maximiza seu impacto e minimiza o risco de cair nas armadilhas de escolhas equivocadas. Afinal, métricas não são apenas números — elas são ferramentas para orientar o sucesso.

Erros na Implementação de Métricas

Escolher as métricas certas é como selecionar os ingredientes para uma receita. Parece que o mais difícil já foi feito, certo? Errado. A implementação é onde a mágica — ou o desastre — acontece. Mesmo métricas bem escolhidas podem falhar espetacularmente se não forem implementadas com cuidado. Aqui estão os erros mais comuns, e como evitá-los, com uma pitada de bom senso (e humor).

Coleta de Dados Inconsistentes ou Imprecisos

Uma métrica é tão boa quanto os dados que a alimentam. Dados sujos, incompletos ou mal interpretados são como usar farinha vencida na receita: o resultado não vai ser bonito. Quando os dados são inconsistentes, eles contam histórias erradas, e histórias erradas levam a decisões desastrosas. Imagine uma métrica mostrando um aumento de 50% na produtividade... até perceberem que alguém estava medindo tarefas duplicadas por engano.

Automatizar a coleta de dados é o primeiro passo para evitar esse erro. Processos manuais são lentos, propensos a erros e rapidamente se tornam insustentáveis à medida que os volumes de dados aumentam. Além disso, validação contínua é essencial. Dados mal estruturados, entradas duplicadas ou lacunas podem transformar métricas em ficção científica. Ferramentas de monitoramento e pipelines automatizados ajudam a manter a qualidade dos dados e garantir que suas métricas sejam confiáveis.

Falta de Contexto ou Documentação

"Tempo Médio de Resposta: 1,2 segundos." Parece ótimo, certo? Mas... resposta a quê? Apenas consultas bem-sucedidas? Inclui erros? E o tempo ocioso? Sem contexto, qualquer métrica perde credibilidade. É como entregar um relatório de 10 páginas com um gráfico sem legenda: bonito, mas inútil.

Documentação clara é o antídoto para essa confusão. Cada métrica precisa de:

- Uma definição clara e descritiva.
- A fórmula usada para calculá-la.
- Suas fontes de dados e frequência de coleta.
- O objetivo estratégico que ela suporta.

Uma métrica bem documentada é como um mapa: guia a equipe a interpretar e usar os dados de forma consistente. Isso também reduz o risco de mal-entendidos entre equipes, especialmente em organizações grandes, onde cada departamento pode enxergar as métricas de formas diferentes. Sem um guia, uma métrica pode virar uma verdadeira "telefone sem fio" corporativo.

Ignorar o Impacto Humano

Ah, o impacto humano, essa variável caótica e imprevisível. Métricas podem influenciar comportamentos de formas inesperadas, muitas vezes incentivando ações que distorcem os resultados. Por exemplo, medir produtividade pelo número de cards concluídos no Jira pode parecer uma boa ideia, até perceber que a equipe começou a dividir tarefas em subtarefas mínimas. "Corrigir bug X" vira "Abrir o Jira", "Escrever uma linha de código", "Testar correção" e "Fechar o Jira". Voilà: a produtividade "subiu"!

Esse tipo de comportamento ocorre porque métricas podem se transformar em metas. Quando isso acontece, as pessoas começam a jogar para ganhar na métrica, em vez de entregar valor real. Isso é conhecido como **Goodhart's Law**: "Quando uma métrica se torna uma meta, ela deixa de ser uma boa métrica."

O foco deve estar em métricas que medem **impacto e qualidade**, não apenas quantidade. Em vez de "quantos cards foram fechados?", pergunte: "O que entregamos gerou valor real para o cliente ou para o negócio?" Métricas como **Net Promoter Score (NPS)** ou **Lead Time de Mudanças** incentivam comportamentos alinhados com resultados significativos, e não apenas números bonitos.

Implementar métricas é uma arte. Requer atenção aos detalhes, uma compreensão clara do contexto e um olhar cuidadoso sobre os comportamentos que elas incentivam. Dados ruins, métricas sem explicação ou incentivos equivocados podem transformar qualquer dashboard em um festival de confusão.

Para evitar esses problemas, trate as métricas como ferramentas, não como verdades absolutas. Lembre-se de que, no fim, elas são um reflexo do trabalho humano. E como qualquer reflexo, às vezes precisam de ajustes no ângulo para mostrar a realidade como ela realmente é. Ah, e evite medir o número de cards no Jira — sua equipe agradece!

Erros na Análise e Uso das Métricas

Mesmo uma métrica bem escolhida, bem documentada e tecnicamente perfeita pode fracassar se for analisada ou usada de forma inadequada. Afinal, métricas são ferramentas de orientação, não troféus para serem exibidos. O valor real de uma métrica só se manifesta quando ela orienta ações significativas, decisões estratégicas e mudanças operacionais. Quando isso não acontece, é como ter um GPS que mostra a rota, mas nunca sair do lugar.

Foco Excessivo em Métricas Passadas

Analisar métricas históricas é útil para entender o que aconteceu, mas é um erro comum confiar exclusivamente nelas para decisões futuras. Métricas passadas são como revisar o retrovisor enquanto dirige: você pode ver onde errou, mas isso não garante que estará preparado para o que está à frente. Por exemplo, saber que a taxa de falhas em deploys foi alta no último trimestre não ajuda diretamente a prever se a próxima grande release está em risco — a menos que você complemente essa análise com métricas preditivas ou indicadores em tempo real.

Uma abordagem mais eficaz é combinar métricas históricas com **análises preditivas**. Ferramentas de machine learning ou modelos estatísticos podem identificar tendências, prever riscos e até sugerir intervenções antes que problemas se materializem. Por exemplo, ao analisar o histórico de falhas de um sistema, modelos preditivos podem identificar padrões (como um aumento na complexidade do código) e alertar sobre possíveis problemas futuros.

A chave é equilibrar o olhar para trás com o olhar para frente. Enquanto métricas históricas ajudam a aprender com o passado, as preditivas ajudam a evitar problemas no futuro. Ignorar essa combinação é como tentar vencer um jogo de xadrez olhando apenas os movimentos que já foram feitos.

Falta de Ação com Base nas Métricas

Métricas, por mais precisas e bem apresentadas que sejam, não têm valor algum se não resultarem em ações. Um dos erros mais comuns é criar dashboards impressionantes que ninguém usa. É fácil se empolgar com gráficos coloridos e números grandes, mas, sem um plano de ação claro, tudo isso se transforma em mera decoração.

Por exemplo, suponha que uma equipe monitore a **taxa de falhas em deploys** e perceba um aumento significativo. Se essa métrica não acionar uma revisão dos processos de teste ou automação, ela não passa de um número registrado. Da mesma forma, métricas como **tempo médio para resolução de incidentes (MTTR)** só fazem sentido se forem acompanhadas por planos de melhoria contínua.

Para evitar essa armadilha, é crucial definir **caminhos de ação** para cada métrica. Pergunte-se: **O que faremos se esta métrica mudar? Quais são os limites aceitáveis? Quem será responsável pela resposta?** Cada métrica importante deve ter um "manual de reação", garantindo que mudanças acionem decisões ou ajustes claros. Sem isso, até os melhores dados se tornam ruído.

Métricas que Incentivam Silos

Um problema recorrente em organizações grandes é o uso de métricas que isolam equipes ou departamentos, em vez de promover colaboração. Quando cada área mede apenas o que lhe interessa, sem considerar o impacto no todo, surgem desalinhamentos que podem prejudicar o desempenho organizacional como um todo.

Por exemplo, uma equipe pode se concentrar em métricas como **frequência de deploys**, enquanto a equipe de operações prioriza o tempo **de estabilidade do sistema**. Se essas métricas não forem conectadas por objetivos compartilhados, as duas equipes podem acabar em conflito. O desenvolvimento pode querer implantar mudanças rápidas, enquanto a operação insiste em processos mais lentos e seguros, resultando em atritos e ineficiências.

A solução é adotar **métricas compartilhadas** que incentivem a colaboração. Um exemplo seria medir **tempo total de entrega ao cliente**, que combina a frequência de deploys, a estabilidade do sistema e o impacto das mudanças no usuário final. Quando todos trabalham para melhorar a mesma métrica, os esforços se alinham naturalmente.

O Perigo de Métricas Mal Interpretadas

Outro erro sutil, mas perigoso, é interpretar métricas de forma inadequada. Sem contexto e análise cuidadosa, até as melhores métricas podem levar a conclusões erradas. Por exemplo, uma redução no **tempo médio de resolução de incidentes (MTTR)** pode parecer positiva, mas, sem entender as causas, pode mascarar problemas maiores, como equipes lidando apenas com falhas menores enquanto ignoram falhas críticas.

Além disso, métricas isoladas raramente contam a história completa. É necessário analisá-las em conjunto, identificando correlações e causalidades. Uma redução no **tempo de desenvolvimento** pode ser positiva, mas, se acompanhada por um aumento nas **taxas de falhas**, indica que a velocidade está comprometendo a qualidade.

Como Evitar Esses Erros

1. Combine métricas históricas e preditivas: Use dados do passado para identificar padrões e aplique análises preditivas para planejar o futuro.
2. Defina planos de ação claros: Toda métrica deve ter um propósito prático. Saiba o que fazer quando ela ultrapassar limites aceitáveis.
3. Promova métricas compartilhadas: Incentive a colaboração entre equipes medindo resultados que conectam diferentes departamentos.
4. Contextualize os dados: Garanta que cada métrica seja analisada dentro do contexto apropriado, evitando conclusões precipitadas ou superficiais.
5. Revisite métricas regularmente: À medida que os objetivos da organização evoluem, as métricas devem ser ajustadas para refletir novas prioridades.

Métricas não são apenas números em um dashboard — são ferramentas para guiar decisões, promover colaboração e impulsionar mudanças. Mas, sem uma análise cuidadosa e uso adequado, até mesmo as melhores métricas podem falhar em seu propósito. A combinação de métricas históricas, preditivas e compartilhadas, juntamente com ações claras e bem definidas, é o que transforma dados em vantagem competitiva. Lembre-se: métricas são como um mapa. Elas mostram o caminho, mas quem decide como — ou se — seguir, somos nós.

Exemplo Prático: Quando o Número de Cards Saiu do Controle

Imagine uma equipe de desenvolvimento que usava o **número de cards concluídos no Jira por sprint** como principal métrica de produtividade. Inicialmente, parecia funcionar: mais cards significavam mais trabalho concluído, certo? Mas logo os problemas começaram a aparecer. Tarefas grandes eram divididas em subtarefas irrelevantes apenas para aumentar os números. Algo simples como "Corrigir Bug X" virava "Abrir o Jira", "Escrever código" e "Testar correção".

O problema era óbvio: a métrica estava incentivando comportamentos que distorciam a realidade. Após uma análise, a equipe decidiu substituí-la por uma métrica mais significativa: o **Lead Time de Mudanças**, que mede o tempo desde o início de uma tarefa até sua entrega em produção. Esse ajuste redirecionou o foco para a fluidez do trabalho e o impacto real, em vez de números superficiais.

O resultado foi uma melhoria na colaboração entre equipes e uma visão mais clara das prioridades. O time parou de "jogar para a métrica" e começou a priorizar entregas que realmente agregavam valor.

Aprendendo com os Erros

Erros na adoção de métricas são inevitáveis, mas encará-los como oportunidades de aprendizado é o que diferencia organizações que apenas coletam dados daquelas que realmente os utilizam para gerar impacto. Métricas mal escolhidas, implementadas ou analisadas podem causar desperdício de recursos, distorcer prioridades e até corroer a confiança nas decisões. No entanto, com revisões frequentes e práticas bem estruturadas, esses erros podem ser corrigidos, transformando métricas em ferramentas verdadeiramente estratégicas.

A chave está em entender que métricas não são estáticas — são organismos vivos que devem evoluir junto com os objetivos da organização, o mercado e a tecnologia. As métricas que foram úteis ontem podem se tornar irrelevantes amanhã. Ignorar essa dinâmica transforma dashboards em museus de dados, cheios de números obsoletos que apenas ocupam espaço e consomem energia.

Outro aspecto fundamental é reconhecer que métricas não são apenas números, mas sim narrativas. Elas contam histórias sobre o desempenho da organização, os comportamentos das equipes e o impacto no cliente. Porém, como qualquer narrativa, elas podem ser mal interpretadas ou enviesadas se apresentadas fora de contexto. A boa gestão de métricas requer uma análise crítica constante: Essa métrica ainda reflete o que é mais importante? Ela está incentivando os comportamentos corretos? Suas limitações são compreendidas e comunicadas?

Além disso, o aprendizado vem da prática de iterar. Nenhuma métrica nasce perfeita. Muitas vezes, os maiores insights vêm da experimentação, do erro e do ajuste. Testar métricas, avaliar seu impacto e, se necessário, aposentá-las faz parte do processo. Como na engenharia de software, onde refatorar código é essencial para manter a qualidade, refatorar métricas é indispensável para garantir relevância e eficácia.

Finalmente, é importante adotar uma abordagem colaborativa e transparente. Métricas não são ferramentas apenas para gestores ou para o time técnico; elas devem ser compreendidas e utilizadas por toda a organização. Compartilhar aprendizados, ajustar expectativas e alinhar objetivos entre equipes técnicas e executivas criam um ambiente onde métricas servem como guias confiáveis para decisões melhores e mais informadas.

Aprender com os erros na adoção de métricas é mais do que corrigir falhas — é desenvolver uma mentalidade orientada por dados que valoriza adaptabilidade e evolução. No final, métricas bem gerenciadas não são apenas indicadores; elas são um reflexo da maturidade da organização em sua jornada para transformar dados em valor real.

Capítulo 8: Como Comunicar Métricas de Forma Eficaz

Métricas não são apenas números em um dashboard ou colunas em uma planilha; elas são, ou deveriam ser, pontes de comunicação. Quando bem apresentadas, ajudam a conectar equipes técnicas, negócios e executivas, alinhando prioridades e transformando dados em decisões. No entanto, quando mal comunicadas, métricas podem ser um desastre: geram confusão, criam mal-entendidos e, pior ainda, levam a decisões erradas.

Imagine, por exemplo, um gráfico que mostra um aumento de 30% na frequência de deploys. Para uma equipe técnica, isso pode parecer um sucesso. Mas, se você não mencionar que a taxa de falhas também aumentou no mesmo período, o impacto dessa métrica será mal interpretado pelos executivos. **Métricas não falam por si só; elas precisam ser acompanhadas de contexto, clareza e propósito.**

Este capítulo explora como transformar métricas em ferramentas eficazes de comunicação. Da escolha do formato certo à adaptação para diferentes públicos, você aprenderá a contar histórias que conectem dados com ações. Porque, no final, a métrica mais bonita é aquela que inspira mudança.

Princípios Fundamentais da Comunicação de Métricas

O primeiro passo para comunicar métricas de forma eficaz é entender alguns princípios básicos: clareza, contexto, relevância e ação.

Clareza é essencial. As métricas precisam ser simples o suficiente para que qualquer pessoa no público-alvo possa entendê-las. Evite jargões técnicos desnecessários, especialmente ao falar com líderes que não têm um background técnico. "Lead Time de Mudanças" é um termo padrão em tecnologia, mas pode soar como grego para um executivo financeiro. Um bom comunicador traduziria isso como "o tempo que levamos para transformar uma ideia em uma entrega ao cliente".

Contexto dá significado às métricas. Um número isolado raramente conta uma história completa. Por exemplo, um "Tempo Médio de Resposta" de 1,2 segundos parece ótimo, mas se for calculado apenas para uma subset de usuários premium, ele perde relevância para o negócio como um todo. Sempre explique como a métrica foi obtida, o que ela representa e por que ela importa.

Relevância é a arte de apresentar as métricas certas para o público certo. Um dashboard cheio de dados técnicos é útil para engenheiros, mas pode ser irrelevante — e até intimidante — para executivos. Escolha métricas que respondam às perguntas mais importantes de cada audiência. Para a liderança, foque no impacto estratégico. Para equipes técnicas, detalhe os pontos operacionais.

Por fim, cada métrica apresentada deve guiar uma **ação**. Se uma métrica não inspira mudanças, melhorias ou decisões, ela perde o propósito. Um aumento na "Taxa de Falhas em Deploys" deve acionar revisões nos processos de teste ou automação, e não apenas ser registrado passivamente em um relatório.

Ferramentas e Formatos para Comunicação de Métricas

A escolha da ferramenta ou formato para apresentar métricas é tão importante quanto a métrica em si. Dashboards, relatórios escritos e apresentações são os formatos mais comuns, e cada um tem seu papel.

Dashboards são ideais para visualização em tempo real e acompanhamento contínuo. Um bom dashboard é claro, direto e se concentra nas métricas mais importantes. Use gráficos simples, como linhas ou barras, para transmitir tendências ou comparações. Evite designs complexos, como gráficos 3D ou sobrecarga de cores, que podem confundir mais do que esclarecer.

Relatórios escritos são úteis para análises mais detalhadas e revisões periódicas. Estruture o documento começando com um resumo executivo, seguido por explicações detalhadas e visuais complementares. Um relatório bem escrito pode se tornar uma referência para decisões estratégicas ou uma base para discussões futuras.

As apresentações devem ser envolventes. Ao comunicar métricas para um público ao vivo, conte histórias. Mostre o problema, o progresso e o impacto com clareza. Um slide que compara antes e depois de uma intervenção técnica pode ser mais eficaz do que uma longa explicação verbal. Use gráficos que destacam o impacto de forma visual.

Erros Comuns na Comunicação de Métricas

Mesmo métricas bem escolhidas podem falhar se forem mal apresentadas. Um dos erros mais comuns é o **foco excessivo em números sem significado**. Mostrar que a "Taxa de Churn caiu de 5% para 4%" pode parecer ótimo, mas sem explicar o que causou essa melhoria ou como ela afeta o negócio, o dado é apenas superficial.

Outro erro frequente é o **excesso de detalhes**. Apresentar um relatório com 20 métricas diferentes pode confundir o público e desviar o foco do que realmente importa. Lembre-se: menos é mais. Foque nas métricas mais relevantes para o contexto da apresentação.

Por fim, **ignorar o público-alvo** é um erro fatal. Uma pessoa executiva quer saber como as métricas impactam receita, custos ou satisfação do cliente. Já uma equipe técnica está mais interessada nos processos que precisam melhorar. Adaptar a mensagem ao público é essencial para manter o engajamento e a relevância.

Exemplos Práticos de Comunicação Eficaz

Imagine que você é responsável por apresentar métricas de desempenho da equipe de engenharia a executivos. Em vez de inundá-los com gráficos técnicos sobre "Lead Time de Mudanças" e "Tempo de Resolução de Bugs", você os conecta ao impacto no negócio: "Nos últimos seis meses, conseguimos reduzir nosso tempo de entrega de funcionalidades de 10 para 5 dias, o que acelerou nossa capacidade de responder às demandas do mercado, resultando em um aumento de 15% na satisfação do cliente."

Já ao falar com a equipe técnica, a abordagem seria diferente. Aqui, o foco estaria nos gargalos e oportunidades de melhoria: "Embora nosso lead time médio tenha caído para 5 dias, identificamos que 30% do tempo ainda é gasto na fase de revisão de código. Podemos melhorar isso investindo em ferramentas de automação e processos mais claros."

Melhores Práticas para Comunicar Métricas

1. Adapte a linguagem ao público: Não use o mesmo tom técnico para executivos e equipes de engenharia. Ajuste a mensagem para o nível de conhecimento do público.
2. Use visuais simples e eficazes: Gráficos de linha, barras ou comparações diretas são mais impactantes do que visuais complexos ou mal projetados.
3. Conte uma história: Transforme métricas em narrativas com começo, meio e fim, destacando problemas, ações e resultados.
4. Foque no que importa: Não tente impressionar com quantidade; priorize as 3-5 métricas mais relevantes para o contexto.
5. Inclua um chamado à ação: Sempre conecte as métricas a ações ou decisões específicas. Métricas devem ser guias, não meros registros.

Métricas que Conectam e Inspiram

Comunicar métricas de forma eficaz é uma habilidade que vai além de criar gráficos bonitos ou relatórios detalhados. É sobre traduzir números em histórias que conectam pessoas e inspiram ações. Quando bem apresentadas, métricas deixam de ser apenas dados e se tornam ferramentas de alinhamento, colaboração e tomada de decisão (como dito nos capítulos anteriores). Ao dominar a arte de comunicar métricas, você transforma a relação da organização com os dados e ajuda a construir uma cultura onde cada número conta uma história que vale a pena ser ouvida.

Capítulo 9: Fomentando uma Cultura Orientada por Métricas

Uma cultura orientada por métricas cria um ambiente onde cada decisão é informada por dados concretos, cada equipe entende seu impacto no todo, e todos trabalham juntos em direção a objetivos claros e compartilhados.

Mas essa cultura não surge por acaso. **É preciso construir um ambiente onde métricas não sejam vistas como armas de cobrança**, mas como ferramentas de aprendizado e evolução. Para isso, líderes devem desempenhar um papel central, promovendo transparência, eliminando ruídos e incentivando comportamentos que conectem métricas ao propósito maior da organização.

Imagine uma empresa onde cada métrica é usada para promover alinhamento, aprendizado e ação — em vez de gerar desconfiança ou competir com "achismos". Esse é o objetivo final de uma cultura orientada por métricas, e é o que este capítulo irá explorar.

O que define uma Cultura Orientada por Métricas?

Uma cultura orientada por métricas é aquela em que os dados são protagonistas, mas não tiranos. Métricas não são usadas apenas para medir o que aconteceu, mas para questionar, prever e ajustar o rumo da organização. Isso exige três elementos fundamentais: decisões baseadas em dados, transparência e aprendizado contínuo.

Decisões baseadas em dados significam que os líderes e equipes não confiam apenas em intuições ou opiniões para determinar o próximo passo. Por exemplo, ao planejar uma nova funcionalidade, o foco deve estar em dados concretos como feedbacks de usuários, tempo de adoção e impacto financeiro, e não apenas no "feeling" de alguém sobre o que parece importante.

Transparência e compartilhamento de informações criam um ambiente onde métricas são acessíveis e compreendidas por todos. Quando cada equipe tem acesso às mesmas informações, as decisões se tornam mais alinhadas, os silos desaparecem e a colaboração floresce.

Por último, o aprendizado contínuo transforma métricas em guias para melhoria. Um aumento na taxa de churn, por exemplo, não deve ser visto como uma falha, mas como um alerta para investigar causas e buscar soluções.

Os Pilares de uma Cultura Orientada por Métricas

Para construir essa cultura, é necessário investir em quatro pilares: definição clara de métricas, educação em dados, acesso e transparência, e responsabilidade compartilhada.

Definição clara de métricas garante que cada número apresentado tenha um propósito e seja compreensível. Uma métrica como "Taxa de Falhas em Deploys" deve ser acompanhada de explicações sobre como é calculada e por que é relevante, para evitar mal-entendidos.

Educação em dados é essencial para empoderar equipes. Todos devem entender como interpretar métricas e usá-las para guiar decisões. Isso pode incluir treinamentos em análise de dados, workshops sobre leitura de dashboards ou mesmo explicações regulares de como as métricas estão conectadas aos objetivos estratégicos.

Acesso e transparência criam confiança. Dashboards centralizados, com dados em tempo real, permitem que todos — de engenheiros a executivos — estejam na mesma página. No entanto, o acesso deve ser balanceado com políticas de privacidade e segurança, especialmente em organizações que lidam com dados sensíveis.

Responsabilidade compartilhada significa que todos, independentemente da hierarquia, se sentem donos das métricas. Se a meta é reduzir o lead time de mudanças, não é só a equipe de engenharia que deve trabalhar nisso; líderes e outras áreas devem colaborar para remover obstáculos e alinhar processos.

Desafios ao Fomentar uma Cultura Orientada por Métricas

Implementar uma cultura orientada por métricas não é simples. Um dos maiores desafios é a resistência à mudança. Muitas vezes, equipes podem ver métricas como ferramentas de vigilância ou cobrança, o que cria medo e desconfiança. Para superar isso, é essencial comunicar que métricas são instrumentos para aprendizado, não punição.

Outro desafio é o excesso de métricas e complexidade. Quando tudo é medido, o que realmente importa pode se perder no ruído. Um dashboard sobrecarregado, cheio de gráficos e números irrelevantes, não promove alinhamento — ele paralisa. Foco e priorização são fundamentais.

Finalmente, o desalinhamento entre equipes pode minar a eficácia das métricas. Se cada departamento usa métricas diferentes e desconectadas, a organização se fragmenta. Métricas compartilhadas que conectam as prioridades de diferentes áreas ajudam a evitar esse problema.

Boas Práticas para Promover uma Cultura Orientada por Métricas

Líderes devem modelar o comportamento que desejam ver, usando métricas para tomar decisões e promovendo discussões abertas sobre dados. Por exemplo, uma reunião de retrospectiva pode começar com a revisão de métricas-chave, discutindo o que foi aprendido e como agir.

Integre métricas ao ciclo de trabalho. Reuniões regulares, como dailies, plannings e retrospectivas, devem incluir discussões sobre as métricas relevantes. Isso mantém o foco no aprendizado contínuo e reforça a importância das métricas no dia a dia.

Conecte métricas ao propósito. Sempre mostre como as métricas impactam o cliente, o negócio ou a eficiência operacional. Por exemplo, considere a métrica **"Tempo Médio de Resolução de Incidentes (MTTR)"**. Em vez de apenas apresentar que o MTTR caiu de 4 horas para 2 horas no último trimestre, destaque o impacto disso. Explique que, ao reduzir o tempo de resposta, a equipe conseguiu minimizar interrupções críticas que antes afetavam os clientes em horário de pico.

Vá além: demonstre como a introdução de um processo automatizado de alerta em ferramentas como PagerDuty ou Slack permitiu identificar problemas 30% mais rápido, agilizando a triagem e o direcionamento de incidentes. Mostre que essa melhoria não apenas aumentou a confiança dos usuários finais, mas também liberou tempo da equipe técnica, permitindo foco em projetos estratégicos, como melhorias de desempenho do sistema.

Esse tipo de narrativa transforma o MTTR em algo mais do que um número. Ele passa a contar uma história sobre como ações técnicas impactaram diretamente a experiência do cliente e a produtividade da equipe, reforçando o propósito estratégico dessa métrica.

Revisite e ajuste métricas regularmente. O que funciona hoje pode não fazer sentido amanhã. Estabeleça revisões trimestrais ou semestrais para garantir que as métricas permaneçam alinhadas às prioridades da organização.

Ambiente Onde Métricas Guiam o Sucesso

Fomentar uma cultura orientada por métricas é mais do que implementar dashboards ou coletar dados. É sobre criar um ambiente onde cada decisão seja informada, cada erro seja uma oportunidade de aprendizado e cada equipe esteja alinhada em torno de objetivos comuns. Isso exige liderança, colaboração e a disposição de ajustar continuamente o que é medido e como é usado. Quando bem implementada, essa cultura transforma organizações, conectando números a ações e promovendo um impacto real no negócio e nas pessoas.

Parte 4 — Exemplos Reais e Ferramentas

Até aqui, exploramos como as métricas podem transformar a forma como equipes de engenharia entregam valor, otimizam processos e se conectam aos objetivos estratégicos. Agora é hora de aprofundar essa discussão com exemplos reais e ferramentas práticas, oferecendo uma visão tangível de como organizações de ponta aplicam conceitos discutidos nos capítulos anteriores.

No Capítulo 10, mergulhamos em estudos de caso que ilustram como empresas como Google, Netflix, Amazon e outras utilizam métricas para superar desafios e atingir metas estratégicas. Esses exemplos mostram que métricas não são apenas números em um dashboard, mas instrumentos para decisões que moldam o futuro das organizações.

Já no Capítulo 11, apresento os frameworks e ferramentas essenciais que ajudam líderes e equipes a colocar essas práticas em ação. Do DORA Metrics para DevOps ao SPACE Framework para Developer Experience, abordamos estruturas que trazem clareza e consistência na medição de desempenho.

Esta parte é um convite para transformar teoria em prática. Ao entender como empresas reais enfrentam desafios com métricas e ao explorar as ferramentas que suportam essas iniciativas, você terá um guia completo para aplicar esses conceitos na sua organização.

Capítulo 10:
Estudos de Caso:
Métricas na Prática

Neste capítulo, exploraremos como algumas das maiores empresas do mundo aplicaram métricas para superar desafios, melhorar processos e gerar impacto significativo em seus negócios. Esses estudos de caso destacam abordagens reais, proporcionando insights valiosos para líderes técnicos e gestores. Eles abrangem desde o uso de métricas para melhorar pipelines DevOps até estratégias baseadas em dados para personalização e retenção de clientes.

Google: Métricas no DevOps com o DORA

O Google foi um dos pioneiros na formalização de métricas DevOps por meio do DORA Research Program. As DORA Metrics — Lead Time de Mudanças, Taxa de Falhas em Deploys, Frequência de Deploys e Tempo Médio de Recuperação (MTTR) — foram desenvolvidas para medir e aprimorar o desempenho de equipes de engenharia.

Um estudo conduzido pelo Google mostrou que equipes que monitoram essas métricas com regularidade apresentam maior agilidade e estabilidade. Por exemplo, ao medir o Lead Time de Mudanças, uma equipe identificou que o tempo entre o início do desenvolvimento e o deploy estava elevado devido a revisões manuais. Com base na métrica, implementaram automação no pipeline de revisão, reduzindo o lead time em 30%. Além disso, a Taxa de Falhas em Deploys foi reduzida por meio de melhorias em testes de integração automatizados.

Essas métricas têm sido tão eficazes que se tornaram padrões amplamente adotados no mercado, sendo recomendadas para organizações de todos os tamanhos que desejam melhorar a entrega contínua de software.

Netflix: Cultura de Métricas e Automação

A Netflix, com sua infraestrutura de streaming global, utiliza métricas extensivamente para otimizar a experiência do usuário e os custos operacionais. Métricas como Tempo de Buffering, Taxa de Conexões Bem-Sucedidas e Custo por Stream são monitoradas em tempo real para ajustes rápidos.

Por exemplo, ao observar um aumento no Tempo de Buffering em uma região, a Netflix identificou um gargalo em um de seus servidores de entrega de conteúdo (CDN). Com base nessa métrica, alocaram capacidade adicional e reconfiguraram o roteamento, reduzindo o tempo de buffering em 40%. Isso não apenas melhorou a experiência dos usuários, mas também aumentou o engajamento geral, uma métrica crítica para retenção.

Além disso, a Netflix utiliza o Custo por Stream para equilibrar a entrega de alta qualidade com a eficiência financeira. Ao integrar métricas técnicas com análises financeiras, a empresa conseguiu otimizar seu modelo operacional, mantendo a experiência de alta qualidade esperada pelos usuários.

Amazon: FinOps e Custos na Nuvem

A Amazon, com sua infraestrutura global baseada na AWS, enfrentou desafios crescentes com o controle de custos na nuvem. Para lidar com isso, implementaram uma abordagem FinOps, monitorando métricas como Custo por Instância EC2, Taxa de Utilização de Recursos e ROI por Serviço.

Uma análise detalhada revelou que 20% dos recursos computacionais estavam subutilizados. Ao adotar práticas de rightsizing (ajuste de tamanho das instâncias) e mover workloads para instâncias reservadas, a Amazon conseguiu economizar milhões de dólares. Além disso, métricas como Custo por Unidade de Valor Entregue foram introduzidas para conectar gastos operacionais ao impacto real no cliente, promovendo maior responsabilidade financeira entre as equipes.

Essas práticas foram posteriormente formalizadas em guias FinOps, amplamente adotadas por outras empresas que buscam otimizar custos em nuvem.

Meta (Facebook): NPS e Retenção de Usuários

A Meta (antiga Facebook) utiliza métricas como Net Promoter Score (NPS) e Retention Rate para monitorar e melhorar a experiência do usuário. Em um caso notável, a empresa identificou que detratores no NPS frequentemente reclamavam da lentidão no carregamento de vídeos no Messenger.

Analisando o Tempo Médio de Carregamento, a equipe de engenharia otimizou o processamento de vídeos no backend e melhorou a distribuição geográfica dos servidores de mídia. Após essas mudanças, o NPS do Messenger aumentou em 15 pontos e a retenção diária de usuários subiu 10%.

Esse uso de métricas exemplifica como a Meta conecta dados técnicos à experiência do usuário, ajustando produtos em tempo real para atender às expectativas dos clientes.

Uber: Métricas de Marketplace e Logística

A Uber utiliza métricas como Tempo de Espera Médio, Taxa de Cancelamento e Utilização de Motoristas para equilibrar oferta e demanda em seu marketplace. Em uma análise regional, a Uber percebeu que o Tempo de Espera Médio estava acima do aceitável em horários de pico, resultando em altas taxas de cancelamento.

A solução foi ajustar o algoritmo de preços dinâmicos para incentivar os motoristas a se deslocarem para áreas de alta demanda. Esse ajuste, guiado por métricas, reduziu o tempo médio de espera em 25% e aumentou a taxa de conclusão de corridas em 15%.

Além disso, a Uber utiliza dados em tempo real para prever demandas futuras, permitindo decisões mais rápidas e baseadas em dados.

Microsoft: Melhoria Contínua no Azure

A Microsoft monitora métricas como SLA Compliance, Latência de Rede e Customer Effort Score (CES) para melhorar a experiência no Azure. Ao identificar aumentos de latência em regiões específicas, a equipe expandiu data centers e otimizou o roteamento de tráfego, reduzindo a latência em 20%.

Além disso, métricas como CES indicaram dificuldades enfrentadas por clientes ao configurar determinados serviços. A resposta foi simplificar os guias de uso e melhorar a interface, resultando em maior adoção e satisfação dos clientes.

Spotify: Dados para Personalização e Engajamento

A Spotify utiliza métricas como Click-through Rate (CTR), Retention Rate em Playlists e Custo por Stream para personalizar a experiência do usuário. Quando observaram queda na retenção da playlist "Discover Weekly", analisaram dados de engajamento e ajustaram o algoritmo para incluir mais diversidade de artistas.

Essas mudanças resultaram em um aumento de 15% na retenção de usuários da playlist e em um engajamento maior com novos artistas, fortalecendo o ecossistema da plataforma.

Conclusão

Os estudos de caso apresentados demonstram que métricas bem definidas e aplicadas têm o poder de transformar operações, estratégias e experiências. Empresas como Google, Netflix, Amazon, Meta, Uber, Microsoft e Spotify lideram seus mercados porque usam métricas para tomar decisões baseadas em dados, alinhar equipes e entregar valor real. Esses exemplos são inspiração para organizações que buscam transformar dados em resultados concretos e impactar positivamente seus negócios.

Capítulo 11: Frameworks e Ferramentas Essenciais

Em engenharia de software, frameworks e ferramentas são mais do que suportes técnicos; são os guias estruturados que ajudam organizações a navegar no mar de dados e decisões. Um framework fornece a base conceitual, enquanto as ferramentas são os instrumentos práticos que tornam sua implementação possível. Juntos, eles transformam métricas em ações alinhadas aos objetivos organizacionais.

Neste capítulo, exploraremos frameworks essenciais para áreas cruciais como FinOps, Developer Experience (DevEx), Developer Relations (DevRel) e DevOps. Cada seção abordará os frameworks mais relevantes, como funcionam e como podem ser aplicados para medir e melhorar a performance organizacional. Vamos também explorar exemplos práticos para mostrar como essas ferramentas podem trazer impacto real.

FinOps

O FinOps Framework, desenvolvido pela FinOps Foundation, é a base para gerenciar custos na nuvem de maneira eficiente e estratégica, transformando dados financeiros em decisões acionáveis. Ele é amplamente utilizado por organizações que buscam alinhar eficiência financeira com inovação tecnológica. O framework segue um ciclo contínuo, baseado em três pilares fundamentais: Informar, Otimizar e Operar, que ajudam as organizações a navegar pela complexidade dos custos na nuvem.

1. Informar: Visibilidade como Primeiro Passo

O pilar de Informar se concentra em criar visibilidade sobre os custos e a utilização de recursos na nuvem. Ele envolve a coleta, consolidação e apresentação de dados financeiros e operacionais em relatórios detalhados, acessíveis a todos os stakeholders. Essa etapa é crucial para identificar os principais pontos de desperdício e alinhar equipes técnicas e financeiras.

Práticas recomendadas:

- Dashboards interativos: Ferramentas como Grafana, CloudHealth e AWS Cost Explorer podem consolidar métricas de custos em tempo real.
- Alocação de custos: A visibilidade aumenta quando custos são divididos por equipe, projeto ou aplicação. Essa prática promove accountability e transparência.
- Exemplo prático: Uma empresa de e-commerce usou relatórios personalizados para identificar que 25% dos custos estavam sendo gerados por instâncias subutilizadas em ambientes de staging. Com base nessa informação, implementaram um processo de desligamento automático para instâncias não utilizadas.

2. Otimizar: Do Desperdício à Eficiência

Depois de criar visibilidade, o pilar de Otimizar foca em transformar insights em ações que economizem custos sem comprometer a performance ou inovação. Isso inclui ajustar o tamanho de instâncias, mover workloads para regiões mais econômicas ou usar instâncias reservadas.

Práticas recomendadas:

- Redimensionamento de recursos (Rightsizing): Garantir que as instâncias e serviços estejam dimensionados adequadamente para a carga de trabalho.
- Planejamento de reservas: Alocar recursos sob demanda para instâncias reservadas ou spot, dependendo das necessidades.
- Identificação de gargalos: Monitorar o desempenho e ajustar serviços desnecessariamente superdimensionados.
- Exemplo prático: Uma startup SaaS economizou 30% no orçamento de nuvem ao migrar workloads esporádicos para instâncias spot, enquanto garantiu alta disponibilidade com instâncias reservadas para operações críticas.

3. Operar: Sustentando a Eficiência

O último pilar, Operar, é onde a mágica do FinOps se torna um processo contínuo. Ele garante que os ajustes feitos no pilar de Otimizar sejam mantidos e que novas oportunidades de economia sejam exploradas regularmente. Isso exige a colaboração de equipes multidisciplinares, como engenharia, operações e finanças.

Práticas recomendadas:

- Reuniões regulares de FinOps: Estabelecer um calendário fixo para revisar custos, alinhar objetivos e priorizar ações.
- Métricas contínuas: Monitorar KPIs como Custo por Unidade de Valor Entregue, Taxa de Utilização de Recursos e Custos de Backup e Recuperação.
- Automação de processos: Implementar ferramentas como Terraform ou AWS Lambda para automatizar desligamentos de instâncias e monitoramento.
- Exemplo prático: Uma equipe de operações reduziu 20% dos custos ao adotar automação para monitorar e encerrar instâncias ociosas fora do horário comercial.

Como o FinOps Framework Transforma Organizações

Ao implementar o FinOps, as organizações transformam a gestão de custos na nuvem em um processo colaborativo. Não se trata apenas de cortar gastos, mas de garantir que cada moeda gasta gere valor real para o negócio. Esse framework é particularmente útil para empresas que lidam com ambientes de nuvem híbrida ou múltiplas equipes com responsabilidades distintas.

Exemplo prático detalhado:
Uma fintech que enfrentava gastos crescentes na AWS iniciou sua jornada FinOps implementando a métrica Custo por Unidade de Valor Entregue, que conectava os custos diretos da nuvem ao volume de transações processadas pela plataforma. Descobriu-se que 15% do orçamento era alocado para um cluster Kubernetes usado para backups redundantes, mas que poderia ser reestruturado sem comprometer a segurança. Após ajustes no ciclo de backups e migração para um armazenamento mais barato, a fintech economizou 25% em seus custos mensais.

O FinOps Framework não é apenas uma ferramenta para economizar; é uma filosofia que transforma custos em vantagem competitiva. Com os pilares de Informar, Otimizar e Operar, as organizações ganham clareza sobre seus gastos, identificam oportunidades de eficiência e implementam processos contínuos que sustentam esses ganhos. Ao adotar esse framework, equipes técnicas e financeiras encontram um terreno comum, criando uma base sólida para crescimento sustentável na era da nuvem.

FOCUS (FinOps Open Cost and Usage Standard)

O FOCUS (FinOps Open Cost and Usage Standard) é uma iniciativa da FinOps Foundation que visa padronizar a forma como dados de custos e uso de recursos na nuvem são estruturados, interpretados e compartilhados. Ele se propõe a criar uma linguagem comum entre provedores de nuvem, ferramentas de FinOps e organizações que utilizam essas tecnologias, permitindo maior consistência e eficiência na análise e no gerenciamento de custos.

Com a crescente complexidade dos ambientes de nuvem e a diversidade de ferramentas disponíveis, o FOCUS surge como uma solução para eliminar barreiras de compatibilidade, garantindo que os dados de custos sejam claros, acessíveis e acionáveis.

Objetivo Principal do FOCUS

O principal objetivo do FOCUS é criar um padrão aberto que facilite:

1. Uniformidade na coleta de dados: Garantir que os dados de custos e uso sejam estruturados de maneira consistente, independentemente do provedor ou ferramenta.
2. Interoperabilidade: Permitir que diferentes ferramentas de FinOps utilizem os mesmos dados sem necessidade de ajustes manuais ou conversões personalizadas.
3. Ação baseada em dados: Ajudar equipes financeiras, de operações e de engenharia a tomarem decisões mais rápidas e precisas.

Componentes do FOCUS

1. Padronização de Dados

O FOCUS define uma estrutura comum para como os dados de custos e uso devem ser representados. Isso inclui campos como:

- Serviço: Nome do serviço de nuvem (ex.: EC2, S3, BigQuery).
- Região: Local onde o recurso está sendo utilizado (ex.: us-east-1, europe-west-2).
- Unidade de Métrica: Definições padronizadas para consumo (ex.: horas de CPU, GB de armazenamento).
- Custo Associado: Cálculo detalhado do valor atribuído a cada recurso.

Com esses dados estruturados de forma uniforme, empresas podem combinar informações de diferentes provedores de nuvem (AWS, Azure, Google Cloud) sem enfrentar inconsistências.

2. Integração com Ferramentas de FinOps

O FOCUS permite que ferramentas como CloudHealth, Apptio Cloudability, Kubecost e AWS Cost Explorer utilizem a mesma estrutura de dados. Isso elimina a necessidade de mapeamentos personalizados e reduz o tempo gasto em integrações complexas.

3. Compatibilidade com Multi Cloud

O FOCUS é projetado para ambientes multi-cloud, permitindo que organizações com operações distribuídas em várias nuvens consolidem informações em um único painel. Por exemplo, métricas de uso de máquinas virtuais na AWS (EC2) e no Google Cloud (Compute Engine) podem ser representadas de forma consistente.

Benefícios do FOCUS

1. Redução de Complexidade Operacional: Sem um padrão comum, as equipes gastam tempo significativo ajustando dados de diferentes fontes. O FOCUS simplifica esse processo, reduzindo o esforço necessário para harmonizar informações.
2. Melhor Colaboração entre Equipes: Como os dados são apresentados de forma uniforme, as equipes de FinOps, engenharia e operações financeiras podem colaborar com mais clareza. Todos trabalham com a mesma fonte de verdade.
3. Decisões Mais Informadas: A padronização elimina ambiguidades nos dados, permitindo análises mais precisas e decisões mais rápidas, especialmente em ambientes dinâmicos como a nuvem.
4. Adoção de Práticas FinOps com Mais Facilidade: Para empresas que estão começando sua jornada em FinOps, o FOCUS oferece um ponto de partida claro, ajudando a estruturar dados e integrar ferramentas com eficiência.

Exemplo Prático do Uso do FOCUS

Uma organização que utiliza serviços da AWS, Azure e Google Cloud enfrentava dificuldades para consolidar os custos de todas as plataformas em um único painel. Cada provedor usava formatos diferentes para descrever instâncias de máquinas virtuais e armazenamento. Por exemplo:

- Na AWS, os custos eram atribuídos por instância EC2 com detalhamento por hora.
- No Azure, o custo vinha agregado por mês e por tipo de máquina virtual.
- No Google Cloud, o uso era medido em unidades de vCPU.

Ao adotar o FOCUS, a empresa padronizou esses dados em um formato único. Isso permitiu:

- Comparar custos de máquinas virtuais entre plataformas de forma direta.
- Identificar que as instâncias reservadas do Azure eram mais econômicas para certas workloads.
- Reduzir custos gerais em 15%, ajustando workloads para regiões mais econômicas com base nos dados padronizados.

Desafios na Implementação do FOCUS

Embora o FOCUS ofereça benefícios significativos, sua implementação pode encontrar desafios, como:

- Resistência inicial dos provedores de nuvem: Alguns provedores podem não adotar a estrutura imediatamente, exigindo ajustes manuais.
- Curva de aprendizado: Equipes podem precisar de treinamento para entender como mapear dados existentes para o padrão FOCUS.
- Customizações necessárias: Organizações com estruturas de custos muito específicas podem precisar adaptar partes do padrão.

Boas Práticas para Adotar

1. Escolha ferramentas compatíveis: Priorize ferramentas de FinOps que suportem o padrão FOCUS, como Kubecost, Apptio Cloudability ou CloudHealth.
2. Automatize o mapeamento de dados: Use scripts ou pipelines para converter dados de provedores não padronizados para o formato FOCUS.
3. Eduque as equipes: Ofereça treinamentos para que todas as áreas envolvidas (engenharia, finanças, operações) entendam a estrutura e seu propósito.
4. Revisão contínua: Audite regularmente os dados padronizados para garantir consistência e precisão.

O FOCUS é um avanço significativo para a gestão de custos na nuvem. Ao fornecer uma estrutura comum para dados de custos e uso, ele elimina barreiras técnicas e promove maior eficiência nas operações de FinOps. Organizações que adotam o FOCUS ganham clareza, interoperabilidade e capacidade de tomar decisões rápidas e baseadas em dados. Embora sua implementação exija esforço inicial, os benefícios de longo prazo tornam o FOCUS indispensável para empresas que buscam excelência na gestão financeira da nuvem.

Frameworks para Developer Experience

SPACE Framework

O SPACE Framework é um modelo abrangente desenvolvido para medir a produtividade de desenvolvedores, indo além das métricas tradicionais que muitas vezes se limitam a outputs numéricos, como quantidade de commits ou linhas de código. Ele reconhece que a produtividade em engenharia de software é multifacetada e abrange fatores técnicos, humanos e colaborativos. Composto por cinco dimensões principais — Satisfação, Performance, Atividade, Colaboração e Eficiência —, o framework oferece uma abordagem holística para entender e melhorar o desempenho e o bem-estar das equipes técnicas.

Os Cinco Pilares do SPACE Framework

1. **Satisfação e Bem-Estar:** Avalia como os desenvolvedores se sentem em relação ao ambiente de trabalho, às ferramentas disponíveis e ao impacto de suas tarefas. Isso inclui medir níveis de estresse, felicidade no trabalho e equilíbrio entre vida pessoal e profissional.
    - **Por que é importante:** Desenvolvedores satisfeitos tendem a ser mais engajados, criativos e produtivos. Ignorar esse aspecto pode levar a burnout e alta rotatividade na equipe.
    - **Métrica Exemplo:** Pesquisas regulares de satisfação que avaliam, por exemplo, "quão eficiente você se sente em seu trabalho

diário?" ou "qual é o nível de frustração com as ferramentas usadas?".

    - **Exemplo Prático:** Após identificar insatisfação generalizada com uma ferramenta de CI/CD lenta e pouco confiável, uma equipe de engenharia a substituiu por outra mais robusta. A mudança reduziu os níveis de estresse e aumentou a satisfação geral em 30%.

2. **Performance:** Mede o impacto tangível do trabalho realizado, como a entrega de novas funcionalidades, correção de bugs e melhorias na qualidade do código.
    - **Por que é importante:** Alta performance é um indicador direto do valor que a equipe entrega ao negócio e aos clientes.
    - **Métrica Exemplo:** Número de features entregues por sprint, bugs corrigidos ou melhorias na performance do sistema (ex.: tempo de carregamento reduzido).
    - **Exemplo Prático:** Uma equipe que monitorava o número de bugs corrigidos por sprint percebeu uma tendência de aumento. Ao revisar processos de revisão de código, a performance do sistema melhorou, reduzindo os incidentes críticos em produção.
3. **Atividade**: Mede a quantidade de trabalho realizado, como commits, pull requests ou deploys.
    - **Por que é importante**: Embora seja uma métrica fácil de monitorar, ela deve ser contextualizada para evitar interpretações erradas (mais commits não significam necessariamente mais produtividade).
    - **Métrica Exemplo**: Número de commits por semana ou pull requests abertas.
    - **Exemplo Prático**: Ao analisar a baixa atividade em uma sprint, uma equipe percebeu que os desenvolvedores estavam travados devido à falta de clareza nos requisitos. Após reuniões mais detalhadas de planejamento, a atividade aumentou significativamente.

4. Colaboração e Comunicação: Avalia a interação entre os membros da equipe e outros stakeholders, como PMs ou designers. Inclui a eficácia de reuniões, revisões de código e feedbacks.
    - **Por que é importante**: A colaboração eficaz é essencial para projetos complexos, onde múltiplas especializações precisam trabalhar juntas.
    - **Métrica Exemplo**: Taxa de aprovação de pull requests, número de reuniões produtivas ou tempo médio de resposta em canais de comunicação (ex.: Slack, e-mails).
    - **Exemplo Prático**: Uma equipe que rastreava o tempo médio para aprovar pull requests conseguiu reduzir o ciclo de aprovação de 3 dias para 1 dia ao introduzir horários fixos para revisões.
5. **Eficiência e Fluxo**: Foco em minimizar interrupções, retrabalhos e gargalos que afetam o tempo necessário para completar tarefas. Também mede o fluxo de trabalho de ponta a ponta.
    - **Por que é importante**: Altos níveis de eficiência garantem que as equipes consigam maximizar sua produtividade sem aumentar a carga de trabalho.
    - **Métrica Exemplo**: Tempo médio para concluir uma tarefa (cycle time), número de interrupções por dia ou frequência de mudanças de contexto.
    - **Exemplo Prático**: Uma equipe percebeu que interrupções frequentes para tarefas de suporte estavam comprometendo a entrega de sprints. Ao designar horários específicos para tratar dessas tarefas, aumentaram a eficiência geral em 25%.

Por que o SPACE Framework é revolucionário?

O SPACE Framework vai além de métricas tradicionais que muitas vezes são descontextualizadas e incentivam comportamentos nocivos, como otimizar para maior número de commits. Ele destaca que produtividade é um equilíbrio entre impacto, bem-estar e colaboração. Isso o torna especialmente relevante em ambientes ágeis e colaborativos, onde os resultados dependem tanto da performance individual quanto da interação coletiva.

Exemplo Prático Aplicando o SPACE Framework

Uma startup de tecnologia usou o SPACE Framework para entender por que sua equipe de engenharia estava enfrentando atrasos constantes. O diagnóstico incluiu:

1. **Satisfação**: Pesquisas mostraram insatisfação com reuniões excessivas e pouco foco em objetivos claros.
2. **Performance**: Métricas indicaram uma queda no número de funcionalidades entregues por sprint.
3. **Atividade**: O número de commits permanecia alto, mas isso refletia trabalho duplicado devido à falta de clareza.
4. **Colaboração**: Revisões de código estavam levando, em média, 5 dias, criando gargalos no fluxo de trabalho.
5. **Eficiência**: Os desenvolvedores estavam mudando de contexto frequentemente, com interrupções para suporte e tarefas administrativas.

Intervenções realizadas:

- Reduziram reuniões diárias de 60 minutos para 30 minutos com agendas claras.
- Melhoraram os requisitos de planejamento, eliminando a ambiguidade.
- Implementaram horários fixos para revisões de código e tarefas de suporte, reduzindo o tempo de pull requests para 1 dia.

Resultados:

- Satisfação aumentou em 35%, com pesquisas indicando melhor equilíbrio entre demandas.
- O número de funcionalidades entregues por sprint aumentou em 25%.
- O tempo médio para completar uma tarefa caiu de 10 dias para 7 dias.

Como Começar

1. Identifique as Dimensões Prioritárias: Nem todas as dimensões serão igualmente importantes para todas as equipes. Escolha aquelas que têm maior impacto no momento.
2. Defina Métricas Relevantes: Use métricas quantitativas e qualitativas para medir cada dimensão. Por exemplo, combine "número de pull requests aprovadas" com "feedbacks de satisfação".
3. Monitore e Ajuste: Use as métricas para identificar áreas problemáticas, implementar melhorias e monitorar o progresso ao longo do tempo.

O SPACE oferece uma abordagem abrangente para entender e melhorar a produtividade dos desenvolvedores. Ele reconhece que produtividade não é apenas "fazer mais", mas sim equilibrar impacto, satisfação e colaboração. Organizações que adotam o SPACE Framework conseguem alinhar melhor as necessidades de seus desenvolvedores aos objetivos de negócios, promovendo um ambiente de trabalho mais saudável, eficiente e eficaz.

DORA Metrics

As DORA Metrics, criadas pelo Google através do programa de pesquisa DevOps Research and Assessment (DORA), são amplamente reconhecidas como o padrão ouro para avaliar e melhorar o desempenho de equipes DevOps. Elas foram desenvolvidas para medir não apenas a eficiência técnica, mas também o impacto operacional e organizacional do trabalho de engenharia. O sucesso das DORA Metrics está em sua simplicidade: elas capturam elementos críticos de desempenho sem sobrecarregar as equipes com dados desnecessários.

As métricas se concentram em dois pilares fundamentais para a entrega de software: velocidade e estabilidade. Esse equilíbrio permite que organizações movam mudanças rapidamente para o ambiente de produção, sem comprometer a qualidade ou confiabilidade do sistema.

Embora reconheça a relevância das DORA Metrics como padrão para medir a eficiência em DevOps, não posso deixar de fazer algumas ressalvas. Elas são métricas valiosas, mas não contam toda a história. Muitas organizações tendem a depender exclusivamente dessas métricas, ignorando nuances importantes do contexto, como a cultura da equipe, a experiência dos desenvolvedores ou os desafios específicos de cada ambiente. Apesar dessas limitações, as DORA Metrics têm um papel significativo no alinhamento de práticas DevOps com objetivos de negócio. Conhecê-las e utilizá-las de forma consciente é essencial, sempre complementando com outras métricas e indicadores que reflitam a realidade completa da organização.

As Quatro Métricas Principais

1. Lead Time de Mudanças: Mede o tempo necessário para que uma mudança (como um novo recurso, correção de bug ou melhoria) passe do início do desenvolvimento até o deploy em produção.
   - Por que é importante: Um lead time curto indica que a equipe pode reagir rapidamente às mudanças do mercado e às necessidades dos clientes. É um reflexo direto da agilidade da equipe.
   - Métrica recomendada: Tempo médio (em horas ou dias) desde a criação de um commit até sua entrada em produção.
   - Exemplo prático: Uma equipe com um lead time de 10 dias conseguiu reduzi-lo para 5 ao adotar pipelines de CI/CD totalmente automatizados, eliminando gargalos manuais.
2. Taxa de Falhas em Deploys: Mede o percentual de deploys em produção que resultam em falhas, como interrupções, rollback ou defeitos graves.
   - Por que é importante: Taxas elevadas podem indicar problemas na qualidade do código, lacunas nos testes ou falta de maturidade nos processos de revisão e integração.
   - Métrica recomendada: Porcentagem de deploys com falhas em relação ao total de deploys realizados.
   - Exemplo prático: Uma equipe identificou que 20% de seus deploys falhavam devido à falta de testes para edge cases. Ao expandir a cobertura de testes automatizados, reduziram a taxa de falhas para 5%.
3. Frequência de Deploys: Mede a regularidade com que as equipes lançam mudanças para produção.

- Por que é importante: Alta frequência de deploys demonstra capacidade de entregar valor continuamente aos usuários, permitindo ciclos mais curtos de feedback.
- Métrica recomendada: Número de deploys realizados em um período (diário, semanal ou mensal).
- Exemplo prático: Ao adotar a prática de feature flags, uma equipe conseguiu realizar deploys diários, mesmo para mudanças em andamento, sem impactar usuários finais.

4. MTTR (Tempo Médio de Recuperação): Mede o tempo necessário para resolver falhas em produção, desde a identificação do problema até a restauração do serviço.
   - Por que é importante: Um MTTR baixo reflete a capacidade da equipe de reagir rapidamente a incidentes, minimizando o impacto nos usuários e no negócio.
   - Métrica recomendada: Tempo médio (em minutos ou horas) entre o início de uma falha e sua resolução.
   - Exemplo prático: Uma equipe implementou alertas automatizados e reduziu o MTTR de 4 horas para 1 hora, agilizando a triagem de incidentes.

Pesquisas conduzidas pela equipe do DORA mostram que organizações de alta performance (que pontuam bem nessas métricas) são 1,5 vezes mais propensas a atingir metas de receita e 20% mais eficientes em seus custos operacionais.

Como Implementar as DORA Metrics

1. Automatize a Coleta de Dados
   Ferramentas como Jenkins, GitLab, New Relic, Datadog e PagerDuty podem ser usadas para rastrear automaticamente eventos relevantes, como commits, deploys, falhas e resoluções.
2. Defina um Benchmark Inicial
   Antes de implementar mudanças, colete dados por algumas semanas para estabelecer uma linha de base. Isso ajudará a medir o progresso ao longo do tempo.
3. Incorpore no Fluxo de Trabalho
   Monitore as métricas regularmente em dashboards visuais (como Grafana ou Tableau) e compartilhe os resultados em retrospectivas e reuniões de equipe.
4. Conecte Métricas a Resultados de Negócios
   Relacione melhorias em DORA Metrics com KPIs organizacionais, como aumento de receita, retenção de clientes ou redução de custos operacionais.

Exemplo Prático: Reduzindo Lead Time e Aumentando Deploys

Uma empresa SaaS enfrentava um lead time médio de 12 dias e uma frequência de deploys semanal. Isso limitava sua capacidade de reagir rapidamente às demandas do mercado. Ao implementar as seguintes mudanças:

- Automação de pipelines CI/CD.
- Introdução de feature flags para realizar deploys incrementais.
- Criação de um ambiente de staging mais confiável.

Os resultados foram impressionantes:

- O lead time foi reduzido para 4 dias.
- A frequência de deploys aumentou para 3 vezes por semana.
- O MTTR caiu de 6 horas para 2 horas.

Essas melhorias não apenas impulsionaram a velocidade de entrega, mas também aumentaram a satisfação dos clientes, que relataram menos falhas e maior velocidade na entrega de novos recursos.

Desafios Comuns

1. Resistência à Mudança: Equipes podem hesitar em adotar novos processos. Treinamentos e comunicação clara sobre os benefícios das DORA Metrics podem ajudar a superar essa barreira.
2. Foco Excessivo em Apenas uma Métrica: Monitorar apenas a frequência de deploys, por exemplo, pode levar a deploys apressados e de baixa qualidade. Certifique-se de equilibrar todas as quatro métricas.
3. Falta de Automação: Coletar dados manualmente é demorado e propenso a erros. Invista em ferramentas que automatizem a coleta e visualização das métricas.

As DORA Metrics fornecem um conjunto poderoso e comprovado de indicadores para medir e melhorar o desempenho de equipes. Ao equilibrar velocidade e estabilidade, elas ajudam as organizações a entregar valor rapidamente, sem comprometer a confiabilidade. Equipes que adotam essas métricas, combinadas com práticas DevOps sólidas, não apenas aumentam sua eficiência técnica, mas também criam uma base sólida para atingir metas estratégicas e crescer em um ambiente competitivo.

CALMS Framework

O CALMS Framework é uma abordagem qualitativa desenvolvida para avaliar e guiar a maturidade de práticas DevOps dentro de uma organização. O nome é um acrônimo para os cinco pilares fundamentais que sustentam uma cultura DevOps eficaz: Cultura, Automação, Lean, Métricas e Sharing. Esses elementos fornecem uma estrutura abrangente para identificar áreas de melhoria, alinhar equipes e criar um fluxo de trabalho eficiente e colaborativo.

Ao contrário de frameworks exclusivamente quantitativos, como as DORA Metrics, o CALMS avalia tanto os aspectos técnicos quanto os humanos de DevOps. Ele ajuda organizações a diagnosticar sua maturidade DevOps e priorizar mudanças que maximizem a eficiência e o impacto.

Os Cinco Pilares do CALMS Framework

1. Culture: No núcleo de qualquer transformação DevOps está a cultura. Este pilar enfatiza a necessidade de colaboração, confiança e responsabilidade compartilhada entre equipes de desenvolvimento, operações, segurança e negócios.
   - Por que é importante: Uma cultura saudável reduz silos e promove alinhamento em torno de objetivos comuns, como velocidade de entrega e confiabilidade do sistema. Sem cultura, automação e métricas tornam-se ineficazes.
   - Indicadores de maturidade:
     - Comunicação aberta entre equipes.
     - Resolução conjunta de problemas em incidentes.
     - Feedback contínuo e construtivo.
   - Exemplo prático: Uma empresa com silos profundos entre desenvolvimento e operações adotou práticas de SRE (Site Reliability Engineering) e formou equipes mistas para trabalhar em soluções conjuntas, reduzindo o tempo médio de resposta a incidentes em 30%.
2. Automation: Automação é o coração técnico do DevOps. Este pilar foca na minimização de tarefas manuais, especialmente em processos repetitivos, como integração, testes e deploys.
   - Por que é importante: A automação acelera os ciclos de desenvolvimento, reduz erros humanos e libera as equipes para focar em atividades de maior valor.
   - Indicadores de maturidade:
     - Presença de pipelines de CI/CD totalmente automatizados.
     - Automação de monitoramento e alertas em produção.
     - Testes automatizados cobrindo grande parte do código.

- Exemplo prático: Uma equipe que gastava horas em deploys manuais implementou pipelines de CI/CD com ferramentas como Jenkins e Terraform, reduzindo o tempo de deploy de 2 horas para 15 minutos.

3. Lean: Inspirado nos princípios Lean, este pilar visa eliminar desperdícios no fluxo de trabalho, como gargalos, processos redundantes ou tempo de espera desnecessário.
   - Por que é importante: Processos enxutos garantem que as equipes se concentrem em atividades que realmente agregam valor ao cliente e ao negócio.
   - Indicadores de maturidade:
     - Mapas de fluxo de valor (Value Stream Mapping) regulares para identificar desperdícios.
     - Tempo médio de espera entre etapas do pipeline.
     - Adaptação rápida às mudanças nas prioridades.
   - Exemplo prático: Uma organização utilizou Value Stream Mapping para descobrir que os revisores de código frequentemente atrasavam os deploys. Ao redistribuir tarefas e treinar mais revisores, reduziram o lead time de mudanças em 25%.
4. Measurement: Métricas são essenciais para avaliar e guiar o progresso de práticas DevOps. Este pilar se concentra na escolha de KPIs que realmente reflitam valor, eficiência e confiabilidade.
   - Por que é importante: Sem métricas, é impossível saber se as mudanças estão trazendo resultados positivos. Métricas também ajudam a alinhar equipes com os objetivos estratégicos.
   - Indicadores de maturidade:
     - Monitoramento de DORA Metrics (Lead Time, MTTR, Taxa de Falhas).
     - Dashboards de métricas em tempo real.

        - Reuniões regulares para revisar métricas e planejar ações corretivas.
    - Exemplo prático: Após implementar dashboards que monitoravam MTTR e frequência de deploys, uma equipe conseguiu priorizar melhorias específicas em seu pipeline, resultando em um aumento de 40% na frequência de deploys mensais.
5. Sharing: Este pilar promove a disseminação de conhecimento, práticas e ferramentas entre equipes e stakeholders. Sharing é essencial para evitar duplicação de esforços e fomentar inovação colaborativa.
    - Por que é importante: Quando as equipes compartilham experiências e aprendizados, a organização como um todo se beneficia. Sharing também promove a inclusão e o alinhamento.
    - Indicadores de maturidade:
        - Adoção de plataformas comuns, como wikis e Slack, para compartilhamento de conhecimento.
        - Retrospectivas regulares para documentar aprendizados.
        - Programas internos de treinamento cruzado.
    - Exemplo prático: Uma empresa estabeleceu uma biblioteca interna de playbooks para incidentes, permitindo que diferentes equipes acessassem soluções já testadas, reduzindo o tempo de resposta a problemas em produção.

Aplicando o CALMS Framework: Exemplo Prático

Uma empresa de tecnologia utilizou o CALMS Framework para avaliar sua maturidade DevOps. Após um workshop de diagnóstico, identificaram que sua maior fraqueza era no pilar Cultura, com equipes de desenvolvimento e operações trabalhando em completo isolamento. Isso gerava atrasos frequentes e conflitos durante deploys.

Intervenções implementadas:

- **Culture**: Criaram "equipes squad" mistas, compostas por desenvolvedores, QA e engenheiros de operações.
- **Automation**: Implementaram pipelines CI/CD para eliminar tarefas manuais.
- **Lean**: Usaram Value Stream Mapping para identificar e eliminar etapas redundantes no pipeline de deploy.
- **Measurement**: Começaram a monitorar DORA Metrics em tempo real, com dashboards compartilhados entre as equipes.
- **Sharing**: Introduziram sessões semanais de troca de conhecimento e documentaram aprendizados em uma wiki interna.

Resultados obtidos:

- Redução de 40% no lead time de mudanças.
- Queda na taxa de falhas de deploys, de 15% para 5%.
- Aumento na satisfação das equipes em pesquisas internas.

O CALMS Framework é fundamental porque aborda DevOps de maneira holística. Ele não se limita a ferramentas ou processos técnicos, mas considera os fatores culturais e colaborativos que, frequentemente, são os maiores desafios para a transformação DevOps. Além disso, ele é adaptável: pode ser aplicado tanto para diagnósticos iniciais quanto para organizações que já possuem práticas DevOps avançadas.

O CALMS Framework fornece uma estrutura prática e escalável para avaliar e melhorar a maturidade DevOps. Ao equilibrar Cultura, Automação, Lean, Métricas e Sharing, ele garante que as organizações não apenas implementem DevOps, mas o façam de maneira sustentável e eficiente. Ao aplicar o CALMS de forma consistente, as equipes não apenas entregam software com mais agilidade e qualidade, mas também criam um ambiente colaborativo e inovador que é crucial para o sucesso a longo prazo.

Frameworks e ferramentas são os alicerces para transformar métricas em resultados reais. Seja gerenciando custos na nuvem, melhorando a experiência de desenvolvedores, promovendo relações com a comunidade técnica ou otimizando pipelines DevOps, essas abordagens ajudam a alinhar dados e ações. Quando usados de forma consciente e conectados às necessidades do negócio, frameworks como DORA Metrics, SPACE Framework e FinOps Framework se tornam motores para a inovação e a eficiência organizacional. O segredo está em escolher os frameworks certos, aplicá-los com consistência e revisá-los regularmente para garantir que continuem relevantes.

Parte 5 — Repositório de Métricas e Referências

Ao longo deste livro, exploramos como métricas bem definidas e implementadas podem transformar equipes e organizações, conectando esforços técnicos aos objetivos de negócio. Mas entender a teoria não é suficiente. No dia a dia, o verdadeiro desafio está em selecionar as métricas certas para o contexto certo, aplicando-as de maneira eficaz e alinhada aos propósitos estratégicos. É aqui que entra o Repositório de Métricas e Referências.

Esta seção é um guia prático, para pessoas que buscam uma visão clara e objetiva das métricas disponíveis e de como elas podem ser aplicadas no mundo real. Com categorias bem estruturadas e exemplos concisos, o objetivo é oferecer uma fonte confiável para consulta, planejamento e implementação. Não se trata de uma lista exaustiva, mas de um repositório estratégico que combina métricas consagradas com práticas modernas.

Além disso, a inclusão de referências e frameworks reconhecidos ajuda a contextualizar cada métrica, conectando-a a metodologias, estudos de caso e ferramentas amplamente utilizadas. Quer você esteja buscando melhorar a experiência dos desenvolvedores, otimizar custos na nuvem ou alinhar a engenharia aos objetivos do negócio, esta seção foi projetada para ser uma bússola.

Capítulo 12: Categorias e Exemplos de Métricas

Imagine tentar organizar um guarda-roupa sem separar as peças por tipo — meias misturadas com camisas, sapatos com gravatas. Parece confuso, certo? O mesmo acontece com métricas quando não são classificadas. Cada métrica tem um propósito e um impacto específico, e agrupá-las em categorias é essencial para garantir que sejam usadas de forma eficaz.

Ao classificar métricas, você cria clareza sobre o que medir, por que medir e como essas medições se conectam aos objetivos do negócio. Métricas desorganizadas podem levar a interpretações erradas, foco no que não importa e até decisões prejudiciais. Este capítulo apresenta as principais categorias de métricas usadas em engenharia de software, acompanhadas de exemplos práticos e dicas sobre como escolher e combinar métricas de forma estratégica.

Categorias de Métricas e Suas Características

1. Métricas Estratégicas

As **métricas estratégicas** desempenham um papel crucial no alinhamento de esforços técnicos com os objetivos de longo prazo da organização. Elas são o elo entre a visão da empresa e as ações práticas, fornecendo uma base quantitativa para avaliar o progresso em direção às metas estratégicas. Assim como um farol orienta os navegantes no oceano, essas métricas direcionam a organização em meio às complexidades do mercado e da operação.

Essas métricas traduzem a estratégia organizacional em indicadores mensuráveis que podem ser monitorados e avaliados regularmente. Ao fazer isso, elas:

- Conectam o trabalho técnico ao impacto de negócios: Por exemplo, uma métrica como o Net Promoter Score (NPS) reflete não apenas a satisfação dos clientes, mas também a eficácia das funcionalidades entregues pela engenharia.
- Orientam decisões de longo prazo: Líderes e executivos utilizam essas métricas para priorizar iniciativas, alocar recursos e ajustar a estratégia conforme necessário.
- Promovem alinhamento organizacional: Ao estabelecer métricas claras e amplamente comunicadas, todos os níveis da organização podem trabalhar em direção aos mesmos objetivos.

Características das Métricas Estratégicas

1. Amplas e de Alto Impacto
   As métricas estratégicas devem capturar resultados globais, como crescimento, retenção ou impacto no mercado. Elas são pensadas para refletir a performance geral da organização em vez de um único departamento ou equipe.
2. Relevantes ao Negócio
   Cada métrica estratégica deve estar alinhada aos objetivos da empresa. Se a prioridade é crescer a base de clientes, uma métrica como Taxa de Aquisição de Usuários será mais relevante do que, por exemplo, o número de deploys realizados.
3. Monitoradas em Dashboards Executivos
   Líderes precisam de visibilidade contínua sobre o desempenho estratégico. Métricas estratégicas são frequentemente apresentadas em dashboards que integram informações de várias áreas, permitindo uma visão panorâmica.

Exemplos de Métricas Estratégicas

1. North Star Metric (NSM): Uma métrica única que simboliza o sucesso global da empresa, como "Tempo médio diário que os usuários passam no aplicativo".
   - Por que é importante: Serve como uma bússola para todas as equipes, garantindo que seus esforços estejam direcionados para o crescimento e retenção.
   - Exemplo real: Para o Spotify, sua NSM é o Tempo de Escuta por Usuário, conectando diretamente o engajamento do cliente ao valor do produto.
2. Net Promoter Score (NPS): : Mede a probabilidade de clientes recomendarem a empresa a outros, com base na experiência geral.
   - Por que é importante: É um reflexo direto da satisfação e lealdade do cliente, elementos cruciais para retenção e crescimento.
   - Exemplo real: Uma empresa SaaS observou um aumento no NPS após priorizar correções em funcionalidades frequentemente criticadas por usuários.
3. Receita Recorrente Mensal (MRR): Representa o valor mensal gerado por assinaturas ou contratos recorrentes.
   - Por que é importante: Métrica essencial para empresas de software, pois reflete a sustentabilidade financeira e a capacidade de crescimento.
   - Exemplo real: Uma startup que implementou melhorias em seu fluxo de onboarding viu um aumento de 15% no MRR em três meses.
4. Taxa de Retenção de Usuários: Mede a porcentagem de usuários que continuam utilizando o produto em um determinado período.
   - Por que é importante: Alta retenção significa que o produto está entregando valor consistente, um indicador chave de sucesso.

- Exemplo real: Uma plataforma de e-learning descobriu que aumentar a frequência de notificações personalizadas melhorou sua retenção em 20%.

Como Definir Métricas Estratégicas Eficazes

1. Conecte-as à Visão Organizacional
   A métrica precisa traduzir um objetivo estratégico em termos mensuráveis. Se o foco é melhorar a experiência do cliente, métricas como NPS ou Taxa de Sucesso no Checkout são mais apropriadas do que indicadores puramente operacionais.
2. Use Métricas Que Sejam Ações-Guiadas
   Boas métricas não apenas mostram um número, mas também apontam o que deve ser feito para melhorar. Por exemplo, se o MRR está estagnado, as equipes podem investigar campanhas de upsell ou churn de clientes.
3. Simplifique e Centralize
   Evite a tentação de criar muitas métricas estratégicas. Escolha poucas, mas significativas, para que todos na organização possam focar nelas sem distrações.

Desafios Comuns com Métricas Estratégicas

1. Conexão Fraca com a Estratégia
   Se as métricas não estão alinhadas aos objetivos organizacionais, podem gerar esforços que não resultam em impacto significativo.
   Exemplo: Uma empresa medindo o número de novas funcionalidades lançadas sem considerar o impacto dessas funcionalidades na satisfação do cliente.
2. Métricas Isoladas
   As métricas estratégicas devem ser um reflexo de objetivos organizacionais, mas também precisam estar conectadas a métricas operacionais e de equipe para fornecer um panorama completo.
3. Falta de Revisão Contínua
   Em ambientes dinâmicos, métricas podem perder relevância rapidamente. Revisões regulares garantem que elas continuem alinhadas às mudanças no mercado e nos objetivos internos.

Exemplo Prático: Usando Métricas Estratégicas para Alinhar a Organização

Imagine uma empresa de streaming de vídeo que quer aumentar sua base de usuários pagantes. Sua métrica estratégica é o Tempo de Consumo de Conteúdo por Usuário (North Star Metric), porque indica engajamento, o principal fator que leva os usuários a continuarem pagando pelo serviço. Para apoiar essa métrica, eles conectam:

- Métricas Operacionais: Lead time de deploys para lançamentos rápidos de novos recursos.
- Métricas de Qualidade: Tempo médio de carregamento de vídeos.
- Métricas de Experiência do Usuário: Taxa de sucesso no fluxo de cadastro e pagamento.

Esse alinhamento garante que as equipes de engenharia, produto e marketing trabalhem juntas para melhorar o engajamento e, consequentemente, a receita.

As métricas estratégicas são a base para decisões de alto nível que moldam o futuro da organização. Elas conectam o trabalho diário das equipes ao impacto de longo prazo, promovendo alinhamento, clareza e foco. Ao escolhê-las e monitorá-las com cuidado, os líderes podem garantir que a empresa não apenas navegue pelas águas turbulentas do mercado, mas o faça com propósito e direção clara.

2. Métricas Operacionais

As métricas operacionais são as ferramentas essenciais para monitorar e otimizar o trabalho cotidiano das equipes. Diferentemente das métricas estratégicas, que se concentram no impacto de longo prazo, as métricas operacionais ajudam a entender como os processos estão funcionando no presente e como podem ser melhorados no curto prazo. Elas fornecem insights tangíveis que guiam líderes técnicos e equipes a identificar gargalos, aumentar a eficiência e garantir que as operações estejam alinhadas às expectativas do negócio.

Características das Métricas Operacionais

1. **Foco na Execução**
   - Métricas operacionais capturam a eficiência e a eficácia dos processos técnicos, como deploys, resolução de incidentes e automação de pipelines.
   - Elas refletem o desempenho contínuo e a capacidade das equipes de entregar resultados consistentes.
2. **Orientadas por Líderes**
   - São rastreadas frequentemente por líderes técnicos, engenheiros de confiabilidade (SREs) e gerentes de equipe, pois ajudam a monitorar a execução das tarefas e a identificar oportunidades de melhoria.
3. **Quantitativas e Qualitativas**
   - Algumas métricas, como Tempo Médio de Resposta a Incidentes (MTTR), são objetivamente numéricas.
   - Outras, como análises qualitativas de logs de erros, podem fornecer contexto adicional para entender falhas operacionais.

Por que Métricas Operacionais São Cruciais?

1. **Identificação de Gargalos e Ineficiências**
   Elas ajudam a encontrar pontos específicos do processo que atrasam entregas ou impactam a qualidade. Por exemplo, um Lead Time de Mudanças elevado pode indicar problemas em revisões de código ou ambientes de staging.
2. **Base para Melhoria Contínua**
   As métricas operacionais fornecem feedback imediato para as equipes. Essa retroalimentação é essencial para a filosofia de melhoria contínua, característica de práticas ágeis e DevOps.
3. **Conexão com Métricas Estratégicas**
   Embora mais granulares, essas métricas suportam diretamente os objetivos estratégicos da organização. Por exemplo, melhorar o MTTR reduz interrupções no serviço, o que impacta positivamente as métricas de satisfação do cliente.

Exemplos de Métricas Operacionais

1. Lead Time de Mudanças: Mede o tempo entre a criação de um commit e seu deploy em produção.

- Por que é importante:
  - Um lead time curto indica pipelines otimizados e capacidade de responder rapidamente às mudanças do mercado.
  - Um lead time longo pode apontar gargalos em processos manuais ou falta de automação.
- Aplicação prática: Uma equipe identificou que o tempo médio de revisão de código estava adicionando 2 dias ao lead time. Ao estabelecer horários fixos para revisões, reduziram o lead time em 30%.

2. Tempo Médio de Resposta a Incidentes (MTTR): Mede o tempo entre a detecção de uma falha e a restauração completa do serviço.

- Por que é importante: Um MTTR baixo minimiza o impacto nos clientes e reduz os custos associados a downtime. Ajuda a medir a eficácia das estratégias de resposta a incidentes.
- Aplicação prática: Uma equipe de SRE que implementou alertas automatizados conseguiu reduzir seu MTTR de 4 horas para 1 hora, graças à detecção mais rápida e à documentação detalhada de incidentes anteriores.

3. Taxa de Automação de Pipelines: Percentual de processos (como testes, deploys e monitoramento) que estão automatizados em um pipeline de CI/CD.

- Por que é importante: Altos níveis de automação reduzem erros humanos, aumentam a velocidade de entregas e liberam as equipes para focar em atividades estratégicas.
- Aplicação prática: Uma organização que automatizou 80% de seus pipelines viu uma redução de 50% no tempo necessário para realizar deploys em produção.

4. Taxa de Aprovação de Pull Requests: Mede a proporção de pull requests aprovados versus aqueles que precisam de revisões adicionais.

- Por que é importante: Uma alta taxa de revisão pode indicar problemas de qualidade no código ou falta de clareza nos requisitos. Ajuda as equipes a identificar áreas onde mais treinamentos ou padrões de código são necessários.

Como Usar Métricas Operacionais na Prática

Exemplo de Diagnóstico: Melhorando o Pipeline de CI/CD

1. **Situação Inicial**:
   Uma equipe percebe que o **Lead Time de Mudanças** é de 12 dias, enquanto outras equipes na organização estão entregando em 6 dias.
2. **Diagnóstico**:
   - Usando métricas operacionais, a equipe identifica que:
     - O tempo médio de revisão de código (2 dias) é elevado.
     - 20% dos testes automatizados falham constantemente, causando reprocessamentos manuais.
     - O pipeline não possui automação para deploy em staging.
3. **Ações Implementadas**:
   - Automatizaram testes críticos que anteriormente eram manuais.
   - Criaram checklists para revisões de código, reduzindo a necessidade de múltiplos ciclos de revisão.
   - Implementaram integração contínua (CI) para deploys em staging.
4. **Resultado**:
   O Lead Time de Mudanças foi reduzido para 7 dias, melhorando a frequência de deploys e alinhando a equipe às metas estratégicas.

Boas Práticas para Métricas Operacionais

1. **Mantenha Métricas Simples e Ação-Guiadas**
   Métricas devem ser claras e indicar onde as equipes precisam atuar. Métricas como **MTTR** ou **Taxa de Aprovação de Pull Requests** apontam diretamente para ações corretivas.
2. **Automatize a Coleta de Dados**
   Ferramentas como **Datadog**, **Prometheus** e **Jenkins** ajudam a capturar e monitorar métricas operacionais em tempo real, reduzindo erros e atrasos.
3. **Reveja Regularmente**
   Realize reuniões semanais ou quinzenais para revisar métricas operacionais, identificar tendências e discutir melhorias contínuas.
4. **Conecte Métricas Operacionais a Resultados de Negócios**
   Métricas operacionais não devem existir isoladas. Por exemplo, melhorar o **Lead Time de Mudanças** deve resultar em entregas mais rápidas e maior satisfação do cliente, conectando-as a métricas estratégicas.

As métricas operacionais são a espinha dorsal da eficiência técnica em organizações modernas. Elas permitem que equipes detectem problemas rapidamente, melhorem continuamente e sustentem práticas de alta performance. Embora sejam mais focadas no dia a dia, seu impacto é sentido diretamente nos resultados estratégicos. Usadas com inteligência, essas métricas são fundamentais para transformar operações técnicas em vantagens competitivas.

3. Métricas de Qualidade

Por Que Métricas de Qualidade São Importantes?

1. **Confiança do Cliente**
   Qualidade diretamente afeta a percepção do cliente sobre o produto. Uma única falha crítica pode prejudicar a confiança e até a retenção de clientes. Por exemplo, downtime em uma plataforma de e-commerce durante o horário de pico pode impactar não apenas a experiência do usuário, mas também a receita.
2. **Redução de Custos Operacionais**
   Resolver problemas em produção é significativamente mais caro do que prevenir defeitos nas fases iniciais do ciclo de desenvolvimento. Métricas de qualidade ajudam as equipes a identificar e resolver problemas rapidamente.
3. **Eficiência Operacional**
   Equipes que monitoram métricas de qualidade conseguem evitar retrabalho, melhorar a colaboração e aumentar a eficiência geral. Processos mais enxutos e bem monitorados levam a menos desperdício de tempo e recursos.

Características das Métricas de Qualidade

1. **Foco na Eficácia Técnica e Ausência de Defeitos**
   Essas métricas avaliam se o sistema atende aos requisitos técnicos, incluindo funcionalidade, desempenho e segurança.
2. **Relevância para Múltiplas Equipes**
   São cruciais para equipes de QA, desenvolvimento e operações, pois refletem tanto a qualidade do código quanto a estabilidade em produção.
3. **Alinhamento com a Experiência do Usuário**
   Qualidade e experiência do usuário andam de mãos dadas. Um sistema robusto que falha em fornecer uma experiência agradável ainda será percebido como de baixa qualidade.

Exemplos de Métricas de Qualidade

1. Taxa de Falhas em Produção: Mede o percentual de deploys que resultam em falhas em produção.

- **Por que é importante**:
  - Ajuda a identificar problemas nos pipelines de CI/CD e lacunas nos testes automatizados.
  - Indicador direto da estabilidade e confiabilidade do produto.
- **Aplicação prática**:
  - Se a taxa de falhas for alta, equipes podem revisar processos de revisão de código, expandir a cobertura de testes ou adotar estratégias como feature flags para implantações seguras.

2. Cobertura de Testes Automatizados: Avalia a quantidade de código coberta por testes automatizados, como unitários, de integração e de regressão.

- **Por que é importante**:
    - Garantir alta cobertura minimiza o risco de introduzir regressões em produção.
    - Ajuda a aumentar a confiança nas mudanças realizadas no código.
- **Aplicação prática**:
    - Uma equipe de desenvolvimento que aumentou a cobertura de testes de 60% para 85% observou uma redução de 40% nos bugs encontrados em produção.

3. Taxa de Bugs por Sprint: Mede o número de defeitos encontrados durante cada ciclo de desenvolvimento.

- **Por que é importante**:
    - Ajuda as equipes a avaliar a qualidade das entregas antes de chegarem à produção.
    - Um aumento constante nessa métrica pode indicar problemas na definição de requisitos ou na revisão de código.
- **Aplicação prática**:
    - Uma equipe utilizou essa métrica para identificar falhas em requisitos mal documentados, reduzindo os bugs em 30% ao implementar um processo de refinamento de histórias.

4. Mean Time to Detection (MTTD): Mede o tempo médio necessário para detectar um defeito ou problema após sua introdução.

- **Por que é importante**:
  - Quanto mais rápido os problemas são detectados, menor o impacto em produção.
  - Indicador da eficácia de processos de monitoramento e testes contínuos.
- **Aplicação prática**:
  - Com ferramentas como Prometheus e Sentry, uma equipe reduziu seu MTTD de 2 horas para 15 minutos, permitindo uma resposta muito mais ágil.

5. Performance e Escalabilidade: Inclui métricas como tempo médio de resposta do sistema, taxa de throughput e uso de recursos sob carga.

- **Por que é importante**:
  - Garante que o sistema suporte picos de uso sem degradação na experiência do usuário.
- **Aplicação prática**:
  - Uma aplicação de streaming monitorou a performance sob carga, ajustando sua arquitetura para suportar 3x mais usuários simultâneos sem aumentar o tempo de resposta.

Como Usar Métricas de Qualidade na Prática

Exemplo de Diagnóstico: Melhorando a Qualidade de Deploys

1. **Problema Identificado**:
   Uma empresa SaaS notou que 15% de seus deploys resultaram em falhas críticas em produção.
2. **Diagnóstico**:
   - Revisaram a **Taxa de Falhas em Produção** e descobriram que a maioria dos problemas vinha de funcionalidades mal testadas.
   - Métricas de **Cobertura de Testes Automatizados** mostraram apenas 55% de cobertura nos módulos mais impactados.
3. **Ações Implementadas**:
   - Aumentaram a cobertura de testes automatizados para 80%, priorizando áreas críticas.
   - Introduziram feature flags para implantações progressivas e seguras.
   - Revisaram processos de QA, integrando testes de regressão em pipelines de CI/CD.
4. **Resultados**:
   - A Taxa de Falhas em Produção caiu para 5% em três meses.
   - Os feedbacks de usuários finais mostraram uma melhora significativa na percepção de confiabilidade do produto.

Boas Práticas para Gerenciar Métricas de Qualidade

1. **Automatize Sempre Que Possível**
   Ferramentas como **SonarQube**, **JUnit** e **TestRail** ajudam a capturar e monitorar métricas de qualidade em tempo real.
2. **Priorize Áreas Críticas**
   Nem todo código precisa de cobertura de testes igual. Priorize módulos de maior impacto, como aqueles que lidam com dados críticos ou funcionalidades centrais.
3. **Adote Estratégias Proativas**
   Use práticas como **shift-left testing**, que introduzem testes nas fases iniciais do desenvolvimento, e monitoramento contínuo em produção.
4. **Reveja Regularmente**
   Métricas de qualidade devem ser revisadas frequentemente em retrospectivas e reuniões de planejamento, garantindo que problemas sejam resolvidos antes que se tornem críticos.

As métricas de qualidade são pilares fundamentais para garantir que os produtos e sistemas entreguem valor consistente aos clientes. Elas fornecem uma visão clara da confiabilidade e robustez do software, permitindo que equipes técnicas identifiquem problemas rapidamente e os resolvam antes que causem impacto. Quando gerenciadas de forma eficaz, essas métricas não apenas melhoram a experiência do usuário, mas também ajudam a construir a reputação de uma organização como sinônimo de excelência técnica e confiança.

4. Métricas de Risco

Em um mundo onde ciberataques podem ser tão inesperados quanto aquele bug que só aparece na sexta-feira à tarde, monitorar riscos não é apenas uma boa prática — é uma questão de sobrevivência. Métricas de risco vão além de números em um dashboard; elas são o alarme de incêndio que pode salvar sua organização de multas milionárias, vazamentos de dados ou até de uma boa dose de constrangimento público.

Para ilustrar, deixe-me contar sobre um episódio que enfatiza a importância de monitorar até os detalhes menos óbvios, como licenças de software. Uma empresa decidiu integrar uma biblioteca open-source no coração de sua aplicação. Tudo parecia perfeito até que, meses depois, descobriram que a licença daquela biblioteca exigia que todo o código do produto fosse tornado público. Resultado? Uma corrida desesperada para substituir a biblioteca, custos adicionais e uma equipe de legal que provavelmente ainda não perdoou o time de engenharia. O que faltou aqui? Uma métrica básica para rastrear o uso e o tipo de licenças em dependências de software. Esse foi um caso real que começou com simples intenção de usar uma biblioteca de ler PDF.

É por isso que métricas de risco, como a **Taxa de Conformidade** ou o **Tempo Médio de Correção de Vulnerabilidades (MTTR)**, são tão cruciais. Elas não apenas ajudam a manter os sistemas seguros, mas também garantem que detalhes aparentemente pequenos, como licenças, não se transformem em problemas enormes.

O que são métricas de risco?

- Avaliam a exposição da organização a vulnerabilidades de segurança, privacidade e compliance.
- Fornecem indicadores para priorizar esforços de mitigação e resposta a incidentes.
- São ferramentas estratégicas para proteger operações, cumprir regulamentações e reforçar a confiança dos clientes.

Por que são importantes?

- **Proteção contra ameaças**: Garantem que a organização esteja preparada para responder a ataques cibernéticos e falhas de segurança.
- **Conformidade regulatória**: Evitam penalidades financeiras e legais ao rastrear o cumprimento de normas como LGPD, GDPR, PCI DSS ou CCPA.
- **Confiança organizacional**: Reforçam a credibilidade da empresa junto a clientes e parceiros.

Exemplos de métricas de risco

1. **Taxa de Vulnerabilidades Detectadas e Corrigidas:** Mede a proporção de vulnerabilidades identificadas e corrigidas em um período de tempo.
   - **Importância**: Reflete a eficiência na mitigação de riscos e a capacidade de resposta das equipes.
   - **Exemplo prático**: Uma empresa identificou que 60% das vulnerabilidades críticas não eram corrigidas em tempo hábil. Ao automatizar varreduras de segurança e priorizar correções, aumentaram a taxa para 90% em seis meses.
2. **Tempo Médio de Correção de Vulnerabilidades (MTTR):** Tempo médio necessário para resolver vulnerabilidades críticas após serem detectadas.
   - **Importância**: Menores tempos de correção reduzem a janela de exposição a ataques.
   - **Exemplo prático**: Após integrar ferramentas como Snyk e GitHub Dependabot, uma equipe reduziu seu MTTR de 10 dias para 3 dias.
3. **Taxa de Conformidade com Regulamentações:** Percentual de requisitos legais e padrões do setor que a organização atende.
   - **Importância**: Garante alinhamento às normas, evitando sanções e mantendo a reputação.
   - **Exemplo prático**: Uma empresa do setor financeiro usou dashboards para monitorar a conformidade com o PCI DSS, corrigindo falhas antes de uma auditoria crítica.
4. **Taxa de Incidentes de Segurança Detectados:** Mede a frequência de eventos de segurança, como acessos não autorizados ou vazamentos de dados.
   - **Importância**: Ajuda a entender a superfície de ataque e a eficácia dos controles de segurança.

- **Exemplo prático**: Após implementar um sistema SIEM (como Splunk), uma organização identificou 30% mais incidentes em tempo real.

5. **Tempo Médio para Detectar Incidentes (MTTD):** Tempo médio para identificar um incidente de segurança após sua ocorrência.
   - **Importância**: Quanto menor o MTTD, maior a chance de minimizar os danos de um ataque.
   - **Exemplo prático**: Com alertas automatizados, uma equipe reduziu seu MTTD de 2 horas para 20 minutos, respondendo rapidamente a uma tentativa de phishing.
6. **Taxa de Adesão a Treinamentos de Segurança:** Percentual de funcionários que completam treinamentos de segurança cibernética e compliance.
   - **Importância**: Reduz riscos associados a erros humanos e aumenta a conscientização organizacional.
   - **Exemplo prático**: Após atingir 95% de adesão a treinamentos de codificação segura, uma equipe reduziu incidentes de segurança relacionados a erros de desenvolvimento em 30%.

Como implementar e monitorar métricas de risco

- **Automatização**: Utilize ferramentas como Snyk, SonarQube, Splunk, Nessus ou outras, para identificar vulnerabilidades, monitorar incidentes e rastrear conformidade.
- **Dashboards centralizados**: Consolide métricas em dashboards visuais para facilitar a análise e a comunicação com stakeholders.
- **Revisões regulares**: Reúna as equipes de DevSecOps, compliance e operações para revisar métricas e priorizar ações corretivas.
- **Treinamento contínuo**: Estabeleça programas de educação em segurança para reforçar boas práticas entre desenvolvedores e outros funcionários.

As métricas de risco não são apenas indicadores de vulnerabilidades, mas ferramentas estratégicas que fortalecem a resiliência organizacional. Ao monitorar e agir com base em dados de segurança e compliance, as organizações protegem seus sistemas, reforçam a confiança dos clientes e garantem continuidade em um cenário digital em constante evolução.

4. Métricas de Produtividade

As métricas de produtividade são ferramentas indispensáveis para avaliar a capacidade das equipes de engenharia em entregar valor ao cliente de forma eficiente, equilibrando velocidade com qualidade. Elas oferecem um panorama do desempenho coletivo, ajudam a identificar gargalos nos processos e servem como base para decisões informadas em planejamento e retrospectivas. No entanto, essas métricas devem ser usadas com cuidado para evitar efeitos colaterais, como comportamentos artificiais ou desmotivadores, que podem comprometer a entrega de valor real.

A produtividade em engenharia não é apenas sobre "fazer mais". É sobre fazer melhor, no menor tempo possível e com o maior impacto positivo. Portanto, boas métricas de produtividade devem capturar **não apenas a velocidade, mas também a qualidade e a eficiência do trabalho realizado.**

Características das Métricas de Produtividade

Métricas de produtividade focam no desempenho da equipe em relação à execução de tarefas e entrega de valor. Elas podem ser usadas para:

- **Planejamento**: Avaliar a capacidade da equipe em ciclos passados para definir metas e expectativas realistas.
- **Diagnóstico**: Identificar gargalos e áreas de melhoria no fluxo de trabalho.
- **Acompanhamento**: Medir o progresso e garantir que as entregas estão alinhadas com os objetivos do sprint ou release.

No entanto, o uso dessas métricas exige equilíbrio. Métricas mal escolhidas ou mal interpretadas podem levar a comportamentos indesejados. Por exemplo, medir produtividade pelo número de commits pode incentivar os desenvolvedores a fazerem commits menores e desnecessários (como já citado), sem gerar valor real para o cliente. Portanto, é crucial selecionar indicadores que reflitam impacto e qualidade.

Exemplos de Métricas de Produtividade

1. Tempo de Ciclo (Cycle Time)

O **tempo de ciclo** mede o intervalo entre o início de uma tarefa (por exemplo, quando um desenvolvedor começa a trabalhar em um ticket) e sua conclusão. Essa métrica é útil para avaliar a eficiência no fluxo de trabalho.

- **Por que é importante?**
  Um tempo de ciclo reduzido indica um fluxo de trabalho mais enxuto e ágil. Por outro lado, ciclos longos podem sinalizar gargalos em etapas como revisão de código ou aprovação.
- **Exemplo prático:**
  Uma equipe que monitorava o tempo de ciclo percebeu que boa parte do tempo era gasto esperando aprovação de testes automatizados. Após ajustar o pipeline para priorizar execuções paralelas, reduziram o tempo médio de ciclo em 20%.

2. Tempo de Lead Time para Alterações (Lead Time for Changes)

Essa métrica, amplamente usada em DevOps, mede o tempo total entre o momento em que uma mudança no código é solicitada (por exemplo, ao abrir um pull request) e a entrega dessa mudança em produção.

- **Por que é importante?**
  Lead Time para Alterações é uma métrica essencial para avaliar a agilidade e eficiência do pipeline de desenvolvimento e entrega.
- **Exemplo prático:**
  Após identificar que a maior parte do tempo era gasta aguardando revisões de pull requests, uma equipe criou horários fixos para revisões diárias, reduzindo o lead time em 30%.

3. Taxa de Aprovação de Pull Requests

Essa métrica mede a porcentagem de pull requests aprovados em relação ao total enviados.

- **Por que é importante?**
  Uma alta taxa de aprovação indica boa comunicação e alinhamento entre desenvolvedores. Uma taxa baixa pode refletir problemas como padrões de código inconsistentes ou falta de clareza nos requisitos.
- **Exemplo prático:**
  Após adotar um guia de estilo de código compartilhado, uma equipe aumentou sua taxa de aprovação de pull requests em 20%, reduzindo retrabalho e tempo perdido em revisões.

4. Taxa de Conclusão de Sprints (Sprint Completion Rate)

Essa métrica mede o percentual de tarefas planejadas que são concluídas ao final de cada sprint.

- **Por que é importante?**
  Uma taxa alta sugere que o planejamento está alinhado com a capacidade da equipe, enquanto uma taxa consistentemente baixa pode indicar excesso de trabalho ou desafios no escopo das tarefas.
- **Exemplo prático:**
  Uma equipe com uma taxa de conclusão de sprints de apenas 60% implementou refinamentos semanais no backlog e reduziu histórias de baixa prioridade. Como resultado, sua taxa subiu para 85%.

5. Tempo Médio para Resolução de Impedimentos (Mean Time to Remove Impediments)

Essa métrica avalia quanto tempo uma equipe leva para remover bloqueios ou impedimentos que afetam o progresso de tarefas.

- **Por que é importante?**
  Bloqueios frequentes e prolongados podem desacelerar a produtividade e causar frustração na equipe. Um tempo médio reduzido reflete um ambiente mais ágil e colaborativo.
- **Exemplo prático:**
  Após criar um sistema de escalonamento de problemas, uma equipe reduziu seu tempo médio para resolução de impedimentos de 3 dias para 8 horas, acelerando entregas críticas.

6. Taxa de Retrabalho

Essa métrica mede o percentual de tarefas que precisaram ser refeitas ou revisadas após serem marcadas como concluídas.

- **Por que é importante?**
  Altas taxas de retrabalho podem apontar problemas no refinamento de histórias, no entendimento de requisitos ou em testes iniciais.
- **Exemplo prático:**
  Uma equipe percebeu que 20% de suas tarefas exigiam retrabalho devido a requisitos mal documentados. Após adotar histórias mais detalhadas e realizar sessões regulares de refinamento, reduziram essa taxa para 5%.
    -

7. Tempo de Resolução de Bugs

Tempo médio necessário para resolver um defeito após ser reportado.

- **Por que é importante**:
  - Métricas rápidas de resolução indicam eficiência e priorização adequada.
  - Impactam diretamente a experiência do cliente e a percepção de qualidade.
- **Aplicação prática**:
  - Após priorizar bugs críticos, uma equipe conseguiu reduzir o tempo médio de resolução de 5 dias para 2 dias, aumentando a satisfação do cliente.

Como Usar Métricas de Produtividade com Inteligência

1. **Conecte Métricas à Entrega de Valor**
   Métricas de produtividade só são úteis se refletirem impacto real para o cliente ou para o negócio. Não adianta medir o número de histórias concluídas por sprint se essas histórias não entregam valor. Métricas como **frequência de deploys** e **tempo de ciclo** são mais eficazes porque refletem eficiência e entrega direta.
2. **Evite Incentivar Comportamentos Artificialmente Positivos**
   Métricas mal definidas podem incentivar ações que aumentam os números, mas não agregam valor.
3. **Combine Métricas Quantitativas e Qualitativas**
   Apenas medir a quantidade de trabalho feito pode ignorar a qualidade. Combine métricas como **tempo de ciclo** (quantitativa) com feedbacks qualitativos de revisores ou clientes para obter uma visão mais completa.
4. **Use Métricas em Retrospectivas**
   Revise as métricas regularmente em retrospectivas para identificar melhorias e celebrar conquistas. Isso ajuda a manter o foco no aprendizado contínuo e a promover a transparência dentro da equipe.

As métricas de produtividade são ferramentas poderosas para entender como as equipes estão entregando valor e como podem melhorar continuamente. Elas ajudam a identificar gargalos, planejar melhor e promover eficiência sem sacrificar a qualidade. No entanto, é essencial usá-las com inteligência, priorizando métricas que refletem impacto real e evitando aquelas que incentivam comportamentos nocivos.

5. Métricas de Experiência do Usuário

Quando tratamos os desenvolvedores como clientes internos, métricas de experiência do usuário assumem uma nova dimensão no contexto de Developer Experience (DevEx). Assim como em produtos voltados para o consumidor final, as métricas de DevEx avaliam como os desenvolvedores interagem com ferramentas, processos e plataformas, com o objetivo de melhorar sua produtividade, eficiência e satisfação. Afinal, a experiência do desenvolvedor afeta diretamente a velocidade e a qualidade das entregas.

Developer Experience não é apenas uma questão de fornecer ferramentas eficazes. É sobre criar um ecossistema no qual os desenvolvedores possam trabalhar sem fricções, resolver problemas rapidamente e sentir que seu trabalho agrega valor. Métricas de DevEx ajudam a capturar pontos de atrito no fluxo de trabalho e a oferecer insights claros para melhorar a experiência técnica e operacional dos times de engenharia.

Por Que Métricas de DevEx São Cruciais?

1. **Redução de Fricções no Fluxo de Trabalho**
   Problemas como pipelines lentos, documentações confusas ou dificuldades em integrar APIs são obstáculos comuns. Métricas específicas ajudam a identificar esses gargalos e priorizar soluções.
2. **Aumento de Produtividade**
   Desenvolvedores com ferramentas e processos eficientes passam mais tempo construindo valor e menos tempo lidando com burocracias ou desafios técnicos desnecessários.
3. **Retenção e Satisfação de Talentos**
   Um ambiente que prioriza a experiência do desenvolvedor não só melhora o desempenho, mas também aumenta a satisfação e a retenção dos melhores talentos.

Métricas de Experiência Focadas em DevEx

1. Tempo Médio de Configuração de Ambientes (Onboarding Time)

Mede quanto tempo um novo desenvolvedor ou uma nova equipe leva para configurar o ambiente necessário para começar a trabalhar.

- **Por que é importante?**
  - Longos tempos de configuração indicam documentação confusa ou processos ineficientes.
  - Reduzir esse tempo aumenta a produtividade inicial e promove uma boa experiência desde o primeiro dia.
- **Exemplo prático:** Uma equipe que antes gastava 2 dias configurando ambientes reduziu esse tempo para 1 hora ao implementar scripts automatizados e um guia de onboarding detalhado.

2. Tempo Médio para Executar o Primeiro Build (First Build Time)

Mede o tempo necessário para que um desenvolvedor novo ou existente compile e execute a aplicação pela primeira vez após configurar o ambiente.

- **Por que é importante?**
  - Um tempo elevado pode sinalizar dependências complexas ou pipelines mal otimizados.
  - Reduzir esse tempo permite que os desenvolvedores entrem em um ritmo produtivo mais rapidamente.
- **Exemplo prático:** Após simplificar dependências e criar contêineres padronizados, uma equipe reduziu o tempo de execução do primeiro build de 4 horas para 20 minutos.

3. Tempo Médio de Feedback de Pipelines (Pipeline Feedback Time)

Mede quanto tempo os pipelines de CI/CD levam para fornecer feedback sobre o status de builds, testes ou deploys.

- **Por que é importante?**
  - Ciclos de feedback lentos frustram os desenvolvedores e atrasam o progresso.
  - Métricas rápidas de feedback mantêm os desenvolvedores engajados e promovem a agilidade.
- **Exemplo prático:** Uma equipe reduziu o tempo de feedback de 30 minutos para 5 minutos ao adotar pipelines paralelos e limitar testes a conjuntos críticos durante o desenvolvimento.

4. Taxa de Sucesso em Pipelines de CI/CD (Pipeline Success Rate)

Mede o percentual de builds ou deploys que são bem-sucedidos sem erros ou falhas.

- **Por que é importante?**
  - Taxas baixas podem indicar falhas frequentes em testes, infraestrutura instável ou scripts de deploy mal configurados.
  - Melhorar essa métrica aumenta a confiança dos desenvolvedores e reduz retrabalho.
- **Exemplo prático:** Após revisar seus testes automatizados, uma equipe aumentou a taxa de sucesso do pipeline de 70% para 95%, eliminando falhas desnecessárias.

5. Tempo Médio para Resolver Problemas em Ferramentas Internas (Internal Tool Issue Resolution Time)

Mede quanto tempo as equipes levam para resolver problemas relatados em ferramentas internas, como portais de deploy ou dashboards de monitoramento.

- **Por que é importante?**
  - Problemas persistentes em ferramentas internas impactam diretamente a produtividade e a moral da equipe.
  - Resolver esses problemas rapidamente demonstra comprometimento com a experiência do desenvolvedor.
- **Exemplo prático:** Após adotar um sistema de priorização para relatórios de bugs em ferramentas internas, uma equipe reduziu o tempo médio de resolução de 2 semanas para 2 dias.

6. Taxa de Adoção de Ferramentas Internas

Mede o percentual de desenvolvedores que utilizam ferramentas internas em comparação com as soluções externas.

- **Por que é importante?**
  - Uma baixa taxa de adoção pode sinalizar que as ferramentas não atendem às necessidades da equipe ou que faltam documentações e treinamentos.
  - Ferramentas internas bem adotadas indicam alinhamento com os fluxos de trabalho da equipe.
- **Exemplo prático:** Uma organização aumentou a adoção de seu portal de APIs internas de 50% para 90% ao investir em treinamento e melhorar a interface de usuário.

Como Aplicar Métricas de DevEx na Prática

Para usar métricas de DevEx de forma eficaz, é importante:

1. **Identificar os Principais Pontos de Atrito:** Realize pesquisas regulares com os desenvolvedores para entender suas maiores frustrações, como pipelines lentos ou falta de automação.
2. **Automatizar a Coleta de Dados:** Use ferramentas como Jenkins, GitLab CI/CD, ou plataformas customizadas para capturar dados de tempos de pipeline, configurações de ambiente e uso de ferramentas internas.
3. **Revisar Métricas em Retrospectivas:** Incorpore métricas de DevEx nas reuniões de revisão para discutir gargalos e propor melhorias.
4. **Conectar Métricas ao Impacto Real:** Certifique-se de que melhorias feitas com base em métricas de DevEx estejam relacionadas ao aumento de produtividade e satisfação dos desenvolvedores.

As métricas de experiência do usuário voltadas para DevEx são a chave para criar um ambiente onde os desenvolvedores possam trabalhar com eficiência, resolver problemas rapidamente e se concentrar no que realmente importa: entregar valor ao cliente. Elas ajudam a identificar fricções nos fluxos de trabalho, priorizar melhorias e garantir que a experiência do desenvolvedor esteja sempre no centro das decisões organizacionais. Afinal, um time de desenvolvedores satisfeito e produtivo não apenas gera melhores resultados, mas também cria uma cultura técnica mais forte e resiliente.

6. Métricas Financeiras

As métricas financeiras são o elo entre as operações técnicas e os resultados econômicos da organização. Em um ambiente onde custos com infraestrutura, ferramentas e pessoal técnico podem escalar rapidamente, essas métricas ajudam a avaliar a eficiência, identificar desperdícios e justificar investimentos. No contexto de FinOps, essas métricas tornam-se ainda mais relevantes, pois promovem uma abordagem colaborativa para gerenciar custos e maximizar o retorno sobre investimentos.

Enquanto equipes técnicas se concentram em entregar valor ao cliente por meio de novas funcionalidades e melhorias, métricas financeiras garantem que essas entregas sejam realizadas de forma sustentável. Elas permitem que líderes técnicos alinhem suas operações aos objetivos financeiros da organização, demonstrando o impacto econômico de decisões técnicas e promovendo uma cultura de responsabilidade fiscal.

Por que as Métricas Financeiras são Importantes?

1. **Apoio à Tomada de Decisão Estratégica**
   Métricas financeiras ajudam a priorizar investimentos em infraestrutura, ferramentas e projetos. Por exemplo, ao medir o **Custo por Unidade de Valor Entregue**, líderes podem avaliar quais iniciativas geram o maior retorno financeiro e priorizá-las.
2. **Identificação de Desperdícios**
   O rastreamento de custos detalhados, como a **Taxa de Utilização de Recursos na Nuvem**, permite identificar servidores subutilizados, redundâncias ou sobreprovisionamento, ajudando a reduzir custos desnecessários.

3. **Justificação de Investimentos**
   Quando bem apresentadas, essas métricas oferecem argumentos sólidos para justificar gastos adicionais em iniciativas técnicas, como adoção de novas tecnologias ou expansão de infraestrutura.
4. **Alinhamento com Objetivos de Negócio**
   Métricas financeiras conectam o trabalho da engenharia diretamente às metas estratégicas, como crescimento de receita, redução de custos ou aumento de margens operacionais.

Características das Métricas Financeiras

1. **Relacionam Custos ao Impacto Operacional**
   Essas métricas não analisam apenas os números isolados, mas os conectam diretamente ao valor entregue ao cliente ou ao negócio.
2. **Críticas para FinOps**
   Em práticas de FinOps, onde a otimização de custos na nuvem é central, essas métricas são essenciais para garantir que a organização maximize o retorno sobre o investimento em infraestrutura.
3. **Foco na Eficiência**
   Métricas financeiras destacam o equilíbrio entre investimento e resultados, ajudando a equipe a evitar gastos excessivos ou mal direcionados.

Exemplos de Métricas Financeiras

1. Custo por Transação

Quanto custa processar cada operação no sistema, como uma consulta, uma compra ou uma API call.

- **Por que é importante**:
  - Reflete a eficiência econômica de operações técnicas.
  - Ajuda a identificar áreas onde a redução de custos é possível sem comprometer a performance.
- **Exemplo prático**:
  - Uma empresa de e-commerce percebeu que o custo por transação aumentava durante picos de demanda. Após otimizar sua infraestrutura para escalabilidade automática, reduziu o custo em 15%.

2. Taxa de Utilização de Recursos na Nuvem

Percentual de capacidade de recursos (como servidores ou storage) que está sendo utilizado em relação ao provisionado.

- **Por que é importante**:
  - Identifica desperdícios devido a recursos subutilizados.
  - Ajuda a otimizar a alocação e reduzir custos desnecessários na nuvem.
- **Exemplo prático**:
  - Uma análise de utilização revelou que 30% dos servidores estavam ociosos durante períodos não comerciais. A equipe de FinOps ajustou as configurações para desligar recursos automaticamente, economizando 20% nos custos totais de nuvem.

3. Custo por Unidade de Valor Entregue

Relaciona os custos técnicos (infraestrutura, equipe, licenças) ao valor gerado por funcionalidade ou entrega.

- **Por que é importante**:
  - Ajuda a demonstrar o impacto econômico direto das entregas técnicas.
  - Torna mais fácil priorizar iniciativas que geram maior valor para o cliente em relação ao custo.
- **Exemplo prático**:
  - Uma equipe de engenharia que rastreava essa métrica descobriu que uma funcionalidade crítica tinha um custo desproporcionalmente alto em relação ao impacto no cliente. A funcionalidade foi simplificada, reduzindo custos em 25% sem impacto negativo na experiência do usuário.

Aplicação Prática: Otimizando Custos com FinOps

Imagine uma empresa SaaS que percebeu um aumento significativo nos custos de infraestrutura na nuvem sem um crescimento proporcional no uso por parte dos clientes. Ao monitorar a **Taxa de Utilização de Recursos na Nuvem**, a equipe de FinOps identificou que muitos servidores provisionados para backup estavam sendo subutilizados. Com base nessa métrica, a equipe implementou backups incrementais e desligamento automático de servidores ociosos, reduzindo os custos em 30%. Além disso, ao rastrear o **Custo por Transação**, a equipe ajustou configurações de banco de dados para otimizar consultas frequentes, melhorando a eficiência geral.

Boas Práticas para Métricas Financeiras

1. **Automatize o Rastreamento de Custos**
   Use ferramentas como AWS Cost Explorer, Azure Cost Management ou Google Cloud Billing para rastrear custos detalhados e criar relatórios automáticos.
2. **Conecte Métricas Técnicas e Financeiras**
   Combine métricas como **MTTR (Tempo Médio de Recuperação)** ou **Frequência de Deploys** com custos de infraestrutura para avaliar a eficiência do time em termos financeiros.
3. **Comunique o Impacto Financeiro**
   Apresente métricas financeiras em um formato acessível para líderes de negócio e stakeholders, destacando o impacto das decisões técnicas no resultado geral.
4. **Reveja Métricas Regularmente**
   Em um ambiente dinâmico, como infraestrutura na nuvem, os custos podem mudar rapidamente. Revisar métricas regularmente ajuda a identificar novas oportunidades de otimização.

As métricas financeiras são uma ponte essencial entre as operações técnicas e os objetivos econômicos da organização. Elas ajudam a garantir que cada investimento em engenharia, seja em infraestrutura, ferramentas ou pessoal, gere valor de forma sustentável. Quando usadas de maneira proativa e estratégica, essas métricas permitem que equipes técnicas e financeiras trabalhem juntas para reduzir custos, aumentar a eficiência e, acima de tudo, conectar decisões técnicas ao impacto no cliente e no negócio.

Como Escolher Métricas Relevantes em Cada Categoria

A escolha de métricas depende do contexto organizacional e das metas estratégicas. Para isso, siga estas diretrizes:

1. **Priorize Métricas Alinhadas aos Objetivos do Negócio**: Escolha métricas que reflitam os resultados que você deseja alcançar.
2. **Equilibre Estratégico e Operacional**: Combine métricas de longo prazo com indicadores operacionais para manter o equilíbrio.
3. **Evite o Excesso de Métricas**: Muitos indicadores podem causar confusão e dispersar o foco.

Exemplos Práticos de Combinação de Métricas

Combinar métricas de diferentes categorias é uma abordagem poderosa para obter uma visão abrangente e orientada para a ação sobre os desafios de uma organização. Ao interligar métricas estratégicas, operacionais, financeiras e de qualidade, líderes e equipes conseguem identificar correlações, priorizar esforços e alinhar objetivos técnicos e de negócios de forma eficaz. Aqui estão dois cenários práticos que ilustram como a combinação de métricas pode ser usada para resolver problemas complexos.

Cenário 1: Melhorar a Satisfação do Cliente

Desafio: Reclamações frequentes de clientes devido a falhas técnicas e lentidão no suporte, prejudicando a experiência.

Métricas Utilizadas:

- **Métrica Estratégica: Net Promoter Score (NPS)**
  Mede a probabilidade de um cliente recomendar o produto a outros, sendo um indicador direto de satisfação e lealdade.
- **Métrica Operacional: Tempo Médio de Recuperação (MTTR)**
  Avalia a eficiência das equipes em resolver problemas, reduzindo o impacto de falhas nos clientes.
- **Métrica de Qualidade: Taxa de Falhas em Produção**
  Reflete a estabilidade do sistema e a frequência com que mudanças causam interrupções.

Aplicação Prática:
Uma análise combinada dessas métricas revelou que a **Taxa de Falhas em Produção** estava acima de 10%, o que resultava em frequentes incidentes e afetava negativamente o **MTTR** (que era, em média, de 4 horas). Essas falhas eram diretamente relacionadas à queda no **NPS**, que estava em 55 (abaixo da média desejada de 70).

Solução:
A equipe implementou as seguintes ações:

1. Melhorou a cobertura de testes automatizados para reduzir falhas em produção.
2. Implementou runbooks para acelerar o diagnóstico e resolução de problemas, reduzindo o **MTTR** para 1,5 hora.
3. Monitorou proativamente feedbacks do cliente após incidentes críticos para identificar áreas de maior impacto.

Resultado:
Após três meses, a **Taxa de Falhas em Produção** caiu para 3%, o **MTTR** foi reduzido significativamente, e o **NPS** subiu para 72, indicando maior confiança dos clientes no produto.

Cenário 2: Reduzir Custos na Nuvem

Desafio: Uma organização que opera na nuvem percebeu que seus custos de infraestrutura estavam aumentando mais rápido do que a receita, afetando negativamente sua **Margem Bruta Operacional**.

Métricas Utilizadas:

- **Métrica Estratégica: Margem Bruta Operacional**
  Mede a eficiência econômica geral, indicando a relação entre receitas e custos operacionais.
- **Métrica Financeira: Taxa de Utilização de Recursos na Nuvem**
  Avalia a eficiência do uso de recursos provisionados em relação à capacidade realmente utilizada.

- **Métrica Operacional: Lead Time de Mudanças**
  Mede o tempo necessário para implementar mudanças, refletindo a agilidade da equipe técnica.

Aplicação Prática:
A análise mostrou que a **Taxa de Utilização de Recursos na Nuvem** estava em 65%, indicando sobreprovisionamento significativo. Ao mesmo tempo, um **Lead Time de Mudanças** elevado (em média 10 dias) atrasava otimizações, como redimensionamento de servidores e ajustes de infraestrutura. Esses problemas estavam impactando a **Margem Bruta Operacional**, que havia caído para 45%, abaixo da meta de 50%.

Solução:

1. A equipe de FinOps implementou um sistema de escalabilidade automática (autoscaling) para ajustar os recursos com base na demanda em tempo real, elevando a **Taxa de Utilização de Recursos** para 85%.
2. Processos de automação e revisões no pipeline de deploy foram implementados para reduzir o **Lead Time de Mudanças** para 5 dias.
3. Ferramentas de monitoramento contínuo ajudaram a identificar instâncias ociosas e eliminar redundâncias.

Resultado:
Em dois trimestres, a organização economizou 30% nos custos de infraestrutura, aumentando a **Margem Bruta Operacional** para 52%. O **Lead Time de Mudanças** reduzido também acelerou o tempo de entrega de otimizações, permitindo respostas mais rápidas às necessidades do negócio.

A Importância de Combinar Métricas

Os cenários acima mostram que métricas individuais fornecem insights valiosos, mas é a combinação delas que permite uma visão mais holística e orientada para soluções eficazes. Métricas estratégicas estabelecem o objetivo final, métricas operacionais e de qualidade ajudam a identificar gargalos e métricas financeiras garantem que as soluções sejam economicamente viáveis.

Essa abordagem integrada não apenas alinha esforços técnicos e de negócios, mas também facilita a comunicação entre equipes técnicas, executivos e stakeholders. Em última análise, combinar métricas de forma inteligente transforma dados em ações concretas que geram impacto real.

Classificar métricas em categorias ajuda líderes e equipes a enxergar claramente o impacto de seu trabalho em diferentes dimensões. Seja para entender a satisfação do cliente, otimizar processos internos ou gerenciar custos, cada métrica desempenha um papel específico. Ao aplicar os conceitos deste capítulo, você será capaz de criar uma estratégia de métricas robusta, equilibrada e conectada aos objetivos do negócio. Métricas bem escolhidas são como mapas: guiam o caminho para o sucesso organizacional.

Capítulo 13: Dicionário detalhado de métricas

Este capítulo é o seu guia para navegar pelo vasto universo das métricas com segurança, consistência e propósito.

Baseado em um repositório cuidadosamente organizado, o dicionário explora métricas amplamente utilizadas em engenharia, DevOps, DevEx, FinOps e outras áreas estratégicas.

Imagine ter à disposição um manual prático que ajuda a entender rapidamente como métricas como **Lead Time**, **Taxa de Utilização de Recursos na Nuvem**, ou **Net Promoter Score (NPS)** podem ser usadas no contexto da sua organização. Este capítulo vai além das definições para fornecer exemplos aplicáveis, benefícios e até os riscos de interpretações equivocadas. Afinal, como dizia Peter Drucker, "o que é medido pode ser gerenciado", mas apenas quando você sabe exatamente o que está medindo.

Ao explorar este dicionário, você terá a oportunidade de alinhar equipes em torno de uma terminologia comum, evitar confusões e garantir que as métricas escolhidas estejam sempre conectadas aos objetivos estratégicos da organização. Seja você um líder técnico, gestor ou especialista em dados, este capítulo foi criado para ser a sua referência definitiva em métricas de engenharia (Obs.: Ele ainda está em atualização, use o link para uma consulta mais atualizada).

Você também pode encontrar esse dicionário no link: https://go.platform.rocks/dictionary

Code	Metric	Description	Type
EMD001	Deployment Frequency	Frequency of code deployments to production.	Count
EMD002	Lead Time for Changes	Average time from code commit to production deployment.	Time (hours/days)
EMD003	Change Failure Rate	Percentage of deployments that fail and require fixes.	Percentage
EMD004	Mean Time to Restore (MTTR)	Average time to restore service after a failure.	Time (minutes/hours)
EMD005	Contribution Volume	Volume of work done (e.g., commits, PRs).	Count
EMD006	Resource Utilization	Efficiency in using computational resources.	Percentage
EMD007	Vendor Costs	Evaluation of ROI and licensing costs.	Monetary Value
EMD008	Number of Hotfixes	Count of emergency fixes.	Count
EMD009	Incidents and Severity	Count and severity of registered incidents.	Count and Severity
EMD010	Mean Time to Repair (MTTR)	Average time to repair detected issues.	Time (minutes/hours)
EMD011	Application Latency	Average response time of applications.	Time (milliseconds)
EMD012	Uptime	Percentage of time the system is operational.	Percentage
EMD013	Mean Time Between Failures (MTBF)	Average interval between failures.	Time (hours/days)
EMD014	Cycle Time	Average time from task start to completion.	Time (hours/days)
EMD015	PR Review Time	Average time taken to review pull requests.	Time (hours/days)
EMD016	Number of PR Comments	Count of comments per reviewed pull request.	Count

Code	Metric	Description	Type
EMD017	Merge Wait Time	Time between submission and merging of PRs.	Time (hours/days)
EMD018	Net Promoter Score (NPS)	Metric of team recommendation and satisfaction.	Survey/Rating Score
EMD019	Low-Blame Culture	Assessment of trust and support within the organization.	Survey/Rating Score
EMD020	Billed Cost	Total cost billed for resources or services.	Monetary Value
EMD021	Effective Cost	Final cost after applying discounts and adjustments.	Monetary Value
EMD022	Unused Resource Cost	Cost of resources provisioned but not utilized.	Monetary Value
EMD023	Resource Utilization	Percentage of provisioned resources being used.	Percentage
EMD024	Consumed Quantity	Quantity of resources actually used (e.g., GB, hours).	Quantity
EMD025	Savings from Optimization	Cost saved through optimization efforts (e.g., rightsizing).	Monetary Value
EMD026	Chargeback Accuracy	Accuracy of cost allocation across projects/teams.	Percentage
EMD027	Billing Period Variance	Variance in costs between billing periods.	Percentage
EMD028	Forecast Accuracy / Budget Deviation Rate	Accuracy of predicted vs. actual cloud costs.	Percentage
EMD029	Open Post-Mortems (PMAs)	Count of post-incident analyses pending closure.	Count
EMD030	Service Availability SLI	The actual percentage of time a service is available to users.	Percentage
EMD031	Service Latency SLI	The time taken to process requests within a given threshold.	Time (milliseconds)
EMD032	Error Rate SLI	The percentage of user requests resulting in errors.	Percentage

Code	Metric	Description	Type
EMD033	OWASP Top 10 Coverage	Percentage of security controls addressing the OWASP Top 10 vulnerabilities.	Percentage
EMD034	Number of Critical OWASP Issues	Count of critical vulnerabilities listed in the OWASP Top 10 found in the system.	Count
EMD035	Application Security Score	Overall score evaluating adherence to OWASP guidelines.	Score
EMD036	NIST CSF Compliance Level	Percentage of compliance with NIST Cybersecurity Framework (CSF).	Percentage
EMD037	Incident Response Time	Average time to detect, respond, and recover from incidents, as per NIST guidelines.	Time (hours/days)
EMD038	Risk Management Score	Evaluation of the implementation of NIST Risk Management Framework (RMF).	Score
EMD039	Security Control Implementation	Percentage of security controls implemented as per NIST SP 800-53 standards.	Percentage
EMD040	Number of Open CVEs	Count of unresolved vulnerabilities listed in the CVE database.	Count
EMD041	CVSS Score	Severity score of vulnerabilities as per the Common Vulnerability Scoring System (CVSS).	Score (0–10)
EMD042	CVE Resolution Time	Average time taken to resolve known CVEs.	Time (days/weeks)
EMD043	Vulnerability Score	Aggregated severity score of all known vulnerabilities.	Score
EMD044	Average Time to Fix Vulnerabilities	Time taken to remediate identified vulnerabilities.	Time (days/weeks)
EMD045	Regulatory Compliance Rate	Percentage of compliance with industry regulations (e.g., GDPR, HIPAA).	Percentage
EMD046	Audit Findings	Number of non-compliance issues identified during audits.	Count

Code	Metric	Description	Type
EMD047	Spot Instance Usage	Percentage of cloud workloads using lower-cost spot instances.	Percentage
EMD048	Reserved Instance Coverage	Percentage of usage covered by reserved or pre-paid instances.	Percentage
EMD049	Cost Allocation Accuracy	Accuracy of cost distribution across projects or teams.	Percentage
EMD050	Automation Coverage	Percentage of processes automated.	Percentage
EMD051	Process Standardization Rate	Percentage of processes following standardized procedures.	Percentage
EMD052	Rework Rate	Percentage of tasks or outputs requiring rework.	Percentage
EMD053	Context Switching Impact	Average time lost due to frequent task-switching.	Time (hours/days)
EMD054	Calendar Utilization	Percentage of working hours effectively allocated to productive tasks.	Percentage
EMD055	Onboarding Time	Average time required to onboard new team members to full productivity (resolve first task e.g. first commit).	Time (days/weeks)
EMD056	Vendor Cost ROI	Return on investment for vendor contracts.	Ratio/Percentage
EMD057	License Utilization	Percentage of purchased licenses actively in use.	Percentage
EMD058	Automation ROI	Return on investment from automation initiatives (e.g. hours saved by Automation).	Ratio
EMD059	Script Execution Success Rate	Percentage of successful executions of automated scripts.	Percentage
EMD060	Deployment Automation Coverage	Percentage of deployments managed through automated processes.	Percentage
EMD061	Component Reuse Rate	Percentage of projects or tasks utilizing reusable components or code.	Percentage

Code	Metric	Description	Type
EMD062	Knowledge Base Utilization	Frequency of reference and reuse of documented knowledge (e.g. access to doc XPTO).	Count
EMD063	API Reuse Rate	Percentage of systems or projects leveraging existing APIs.	Percentage
EMD064	Contribution Rate	Number of contributions to inner-source projects from internal teams.	Count
EMD065	Contribution Diversity	Number of unique teams contributing to inner-source projects.	Count
EMD066	Repository Activity	Frequency of commits, issues, and pull requests in inner-source repositories.	Count (weekly/monthly)
EMD067	Adoption Rate	Percentage of internal teams leveraging inner-source components.	Percentage
EMD068	Time to First Contribution	Average time for new developers to make their first inner-source contribution.	Time (days/weeks)
EMD069	Documentation Coverage	Percentage of code, APIs, systems or products with adequate documentation (ADR, RFC, PRD, README e etc).	Percentage
EMD070	Documentation Quality Score	Quality rating of documentation based on user feedback or audits.	Survey/Rating Score
EMD071	API Swagger Coverage	Percentage of APIs documented with Swagger or similar tools.	Percentage
EMD072	Documentation Update Frequency	Frequency of updates to documentation to ensure accuracy and relevance.	Count (updates/year)
EMD073	Collaboration Index	Weighted score combining contributions, reuse, and adoption rates for inner-source/open-source projects.	Score
EMD074	Documentation Contribution Rate	Percentage of contributors updating or adding documentation in repositories.	Percentage

Code	Metric	Description	Type
EMD075	Time to First Commit	Average time taken for new developers to make their first code contribution.	Time (days/weeks)
EMD076	Time to 10th Commit	Average time for a new hire to reach 10 meaningful contributions.	Time (days/weeks)
EMD077	Feedback Score on Onboarding	Average rating provided by new hires on the onboarding process.	Survey/Rating Score
EMD078	Tool Access Readiness	Average time taken to provision tools, systems, and resources for new hires.	Time (hours/days)
EMD079	Onboarding Cost per Hire	Average cost incurred to onboard a new employee.	Monetary Value
EMD080	Request Throughput	Number of requests processed per unit of time.	Count/Time
EMD081	Error Budget Consumption	Percentage of error budget used within a period.	Percentage
EMD082	Service Latency Percentile (p95/p99)	Response time for 95% or 99% of requests.	Time
EMD083	Churn Rate	Rate of customers leaving after dissatisfaction (per product).	Percentage
EMD084	Time to Adapt	Average time for teams to adopt new tools, technologies, or context (reorg), use another metrics to check stability).	Time
EMD085	Training Completion Rate	Percentage of employees completing training modules.	Percentage
EMD086	Inner-Source Repository Growth	Growth in internal repositories for collaborative projects.	Count
EMD087	Self-Healing Success Rate	Percentage of incidents resolved automatically.	Percentage
EMD088	Cloud Cost as a Percentage of Revenue	Proportion of cloud costs relative to total revenue.	Percentage
EMD089	Meeting Efficiency Index	Percentage of meetings resulting in actions or decisions.	Percentage

Code	Metric	Description	Type
EMD090	Collaboration Frequency	Frequency of team collaboration on joint projects.	Count
EMD091	Pipeline Failure Rate	Percentage of failed CI/CD pipeline runs.	Percentage
EMD092	Time to Detect Pipeline Issues	Average time to detect issues in CI/CD pipelines.	Time
EMD093	Deployment Rollback Rate	Percentage of deployments reverted due to failures.	Percentage
EMD094	Reusability Rate of Code and Components	Percentage of code reused across different projects.	Percentage
EMD095	Governance Compliance Score	Overall compliance score with governance policies.	Score
EMD096	Net Promoter Score (NPS)	Likelihood of engineers recommending the workplace to others.	Score (0–10)
EMD097	Work-Life Balance Index	Measures satisfaction with work-life balance, including time outside work hours.	Percentage/Score
EMD098	Team Collaboration Satisfaction	Rating of satisfaction with collaboration and teamwork within the organization.	Survey/Rating Score
EMD099	Feedback Process Effectiveness	Satisfaction with the feedback and review process.	Survey/Rating Score
EMD100	Productivity Tools Satisfaction	Rating of satisfaction with tools and technologies provided for work.	Survey/Rating Score
EMD101	Office/Remote Setup Satisfaction	Satisfaction with physical or remote work environment setup.	Survey/Rating Score
EMD102	Psychological Safety Index	Measures how safe engineers feel to express ideas and concerns without retaliation.	Score/Survey
EMD103	Career Development Satisfaction	Satisfaction with growth opportunities and career progression.	Survey/Rating Score
EMD104	Recognition Frequency	How often engineers feel recognized for their contributions.	Count (per period)

Code	Metric	Description	Type
EMD105	Autonomy Satisfaction	Satisfaction with the level of autonomy in decision-making and task execution.	Survey/Rating Score
EMD106	Opportunity to Innovate	Satisfaction with the opportunity to engage in creative or innovative tasks.	Survey/Rating Score
EMD107	Attrition Sentiment Score	Sentiment analysis of why engineers leave or stay in the organization.	Score/Survey
EMD108	Communication NPS	Perceived clarity and effectiveness of communication.	Score
EMD109	Interaction Frequency	Number of messages or meetings per sprint/project.	Count
EMD110	Code Review Collaboration	Average review time and number of reviewers per PR.	Time
EMD111	Collaborative Task Completion	Percentage of tasks involving two or more team members.	Percentage
EMD112	Dependency Resolution Time	Average time to resolve dependencies across teams.	Time
EMD113	Meeting Participation	Percentage of active participation in meetings.	Percentage
EMD114	Net Collaboration Score (NCS)	Team's perceived efficiency in teamwork and collaboration.	Score
EMD115	Review Comments	Total number of comments made during a code review.	Count
EMD116	Tenure Impact Score	Measures the average tenure of team members and its correlation with team outcomes.	Numeric (Score, Time in months/years)
EMD117	Average Tenure	Average time that current team members have been in the team.	Numeric (Time in months/years)
EMD118	Tenure Diversity Index	Measures the distribution of tenure among team members (new vs. experienced).	Numeric (Percentage %)
EMD119	PR Time to First Review	Time taken from PR creation to the first reviewer's action (comment or approval).	Numeric (Time in hours)

Code	Metric	Description	Type
EMD120	PR Review Time	Total time spent in review, from PR creation to approval or rejection.	Numeric (Time in hours)
EMD121	PR Time to Merge	Time from PR creation to when it is merged into the main branch.	Numeric (Time in hours)
EMD122	PR Rework Rate	Percentage of PRs that require additional commits after initial review.	Percentage (%)
EMD123	PR Number of Reviewers	Total number of reviewers assigned to a PR.	Numeric (Count)
EMD124	PR Review Comments per PR	Average number of comments made during the review process.	Numeric (Count)
EMD125	PR Approval Rate	Percentage of PRs that are approved in the first review cycle.	Percentage (%)
EMD126	PR Rejection Rate	Percentage of PRs that are rejected or require major changes.	Percentage (%)
EMD127	PR Size	Number of lines of code changed in the PR.	Numeric (Lines of Code)
EMD128	PR Lifetime	Total time a PR remains open before being merged or closed.	Numeric (Time in hours/days)
EMD129	PR Comment Density	Number of comments per line of code in the PR.	Numeric (Comments/LOC)
EMD130	Inactive Branches	Counts the branches in a repository that have not been updated for a threshold time.	Numeric (Count)
EMD131	Issue Activity	Measures the number of issues opened or closed in the repository recently.	Numeric (Count)
EMD132	Dependency Age	Tracks the time since dependencies were last updated.	Numeric (Time in months/years)
EMD133	Resource Utilization	Percentage of allocated resources (e.g., CPU, memory, storage) actually used.	Percentage (%)
EMD134	Stale Repositories	Percentage of repositories with no recent commits, PRs, or issue activity.	Percentage (%)

Code	Metric	Description	Type
EMD135	Orphaned Resources	Counts resources (e.g., servers, storage volumes) not linked to active projects.	Numeric (Count)
EMD136	Codebase Aging	Measures the age of the oldest active part of the codebase.	Numeric (Age in months/years)
EMD137	Issue Type Distribution	Distribution of issue types (e.g., bugs, features, tasks) in the repository.	Percentage (%)
EMD138	Number of Tickets	Total number of tickets created and/or resolved within a defined time period.	Quantitative
EMD139	Aging Time	Average time a ticket remains open before being resolved.	Temporal
EMD140	Number of Interruptions	Count of events that caused interruptions in services or processes.	Quantitative/Incident
EMD141	Cost per Team	Total cost allocated to each team.	Financial
EMD142	Cost per Stack	Total cost associated with a specific technology stack.	Financial
EMD143	Cost per Resource	Cost incurred for individual resources such as instances or storage.	Financial
EMD144	RI Coverage/Savings Plan Coverage	Percentage of resources covered by Reserved Instances or Savings Plans.	Percentage
EMD145	% of Spot vs Other Coverage	Percentage of resources using spot instances compared to other types (e.g., on-demand, reserved).	Percentage
EMD146	% Orphaned Snapshots	Percentage of storage snapshots that are no longer associated with active instances.	Percentage
EMD147	% Orphaned EBS Volumes	Percentage of Elastic Block Store (EBS) volumes not attached to any instance.	Percentage
EMD148	Aged Snapshots	Number of snapshots exceeding a specific age threshold (e.g., 30 days).	Temporal/Quantitative
EMD149	Idle Instances > 30 Days	Count of instances with no activity for over 30 days.	Quantitative

Code	Metric	Description	Type
EMD150	% Total Tag Coverage	Percentage of resources with proper tags for cost allocation and management.	Percentage
EMD151	Avg Price per Hour of Compute	Average hourly cost for compute resources.	Financial
EMD152	Usage on Weekends vs Weekdays	Comparison of resource usage patterns between weekends and weekdays.	Temporal/Comparative
EMD153	Cost per Tools	Total cost associated with tools or software licenses.	Financial
EMD154	Cost by Engineer/Employee	Cost allocated per employee based on resource usage or team assignments.	Financial

Conclusão

Chegamos ao fim desta jornada pelas métricas, mas o aprendizado e a aplicação real começam agora. Ao longo deste livro, exploramos como as métricas podem transformar equipes e organizações, alinhando esforços técnicos aos objetivos estratégicos e guiando decisões com base em dados. No entanto, métricas não são apenas números; elas são ferramentas vivas que evoluem junto com os desafios, a cultura e a visão do negócio.

A verdadeira força das métricas não está apenas em sua coleta ou análise, mas no impacto que elas geram quando conectam pessoas, processos e propósitos. Mais do que medir produtividade, qualidade ou eficiência, métricas nos ajudam a **fazer perguntas melhores**, a diagnosticar o que está funcionando (ou não) e a adaptar nossa abordagem. Elas são um espelho das prioridades organizacionais e, ao mesmo tempo, um lembrete constante de que o foco deve estar sempre em entregar valor.

Mas é importante lembrar: métricas são tão poderosas quanto a intenção por trás de seu uso. Quando mal escolhidas ou interpretadas, podem se transformar em indicadores vazios ou, pior, incentivar comportamentos que desviam equipes de seus verdadeiros objetivos. Por outro lado, quando bem aplicadas, tornam-se catalisadoras de transformação, promovendo colaboração, aprendizado contínuo e foco estratégico.

Como líderes técnicos e gestores, nosso papel não é apenas selecionar as métricas certas, mas cultivá-las como parte de uma cultura mais ampla de transparência, responsabilidade e inovação. Isso exige equilíbrio entre números e intuição, entre eficiência e empatia. Afinal, por trás de cada métrica, há pessoas — desenvolvedores, clientes, stakeholders — cuja experiência, satisfação e confiança são os verdadeiros indicadores de sucesso.

Ao fechar este livro, deixo um convite: use métricas para inspirar, guiar e conectar. Que elas sejam uma ponte entre o presente e o futuro, ajudando você a navegar as complexidades do mundo técnico com clareza e propósito. E, acima de tudo, lembre-se de que, no final do dia, o que realmente importa não são os números que você coleta, mas o impacto que você gera.

Obrigado por embarcar nessa jornada. Esse livro também será vivo, em breve mais mudanças e melhorias. Agradeço pela leitura e estou aberto para feedbacks, me envie um e-mail no guilherme@platform.rocks.

Você leu a versão E1.1.3 do Livro Engineering Metrics, escrito por Guilherme dos Santos. Obrigado ♥

Referências

Essas referências foram fundamentais para embasar os conceitos, exemplos e práticas compartilhados, garantindo confiabilidade e aplicabilidade:

Livros e Publicações de Referência

- Accelerate: The Science of Lean Software and DevOps – Nicole Forsgren, Jez Humble, Gene Kim: Base teórica para DORA Metrics e práticas DevOps eficazes.
- Measure What Matters – John Doerr: Referência para o uso de OKRs como framework estratégico.
- The SPACE of Developer Productivity – Nicole Forsgren, GitHub Margaret-Anne Storey, University of Victoria Chandra Maddila, Thomas Zimmermann, Brian Houck, and Jenna Butler, Microsoft Research: Documento acadêmico que introduz o SPACE Framework para medir a produtividade de desenvolvedores.
- Cloud FinOps: Collaborative, Real-Time Cloud Financial Management – J.R. Storment, Mike Fuller: Guia prático sobre FinOps, cobrindo práticas e métricas financeiras em ambientes de nuvem.
- FOCUS (FinOps Open Cost and Usage Standard) – FinOps Foundation.: Framework para padronizar a coleta e análise de dados financeiros em nuvem.
- Developer Relations: How to Build and Grow a Successful Developer Program – Caroline Lewko, James Parton: DevRel Maturity Model e práticas de engajamento com desenvolvedores.

Frameworks e Métodos

- DORA Metrics: Referência principal para medir a eficiência de equipes DevOps.
- SPACE Framework: Introduzido como uma abordagem abrangente para avaliar produtividade, satisfação e colaboração em equipes técnicas.
- CALMS Framework: Utilizado para avaliar a maturidade DevOps, com foco em Cultura, Automação, Lean, Métricas e Sharing.
- FinOps Framework: Estrutura em três pilares (Informar, Otimizar e Operar) para gerenciar custos e eficiência na nuvem.

Ferramentas e Estudos

- GitLab DevSecOps Survey – GitLab: Dados usados para contextualizar práticas de DevSecOps e integração contínua.
- State of DevOps Report – Puppet, DORA: Relatório anual sobre práticas DevOps e tendências organizacionais.
- State of FinOps Report – FinOps Foundation: Estudo sobre práticas de FinOps e métricas financeiras.
- State of Developer Experience Report – GitHub e DevEx Foundation: Análise de tendências e práticas voltadas para Developer Experience.

Ferramentas Práticas e Cases

- Google Cloud Cost Management e AWS Cost Explorer: Ferramentas mencionadas em exemplos práticos de FinOps.
- Jenkins, GitLab CI/CD, e Azure DevOps Pipelines: Ferramentas usadas como base para ilustrar exemplos de automação de métricas.
- Grafana e Kibana: Referências para dashboards de monitoramento e análise de métricas.
- Prometheus e Elastic Stack: Ferramentas para coleta de dados e monitoramento de sistemas.

Cases Reais e Estudos de Mercado

- Google: Aplicação do DORA Metrics para otimizar práticas DevOps.
- Netflix: Uso de métricas de automação e experiência para escalar operações.
- Amazon: Práticas de FinOps e métricas financeiras para controle de custos na nuvem.
- Spotify: Dados de personalização e métricas de engajamento para experiência do usuário.
- Meta (Facebook): Uso do Net Promoter Score (NPS) e métricas de retenção de usuários.
- Uber: Métricas de marketplace e logística para otimizar operações em tempo real.

www.ingramcontent.com/pod-product-compliance
Lightning Source LLC
LaVergne TN
LVHW021941220826
846092LV00010B/1194
9798304447812